Greifvögel und Eulen

Von Glenys und Derek Lloyc
Illustrationen von Ken Lilly
Übersetzung und Bearbeitung
von Dr. Ernst Kniprath

INHALT

Satzherstellung: Tages-Anzeiger, Zürich.
Printed in Italy by New Interlitho, Trezzano.
ISBN 3.7735.2737.3

VORWORT

Seit den Anfängen der Zivilisation wurde der Mensch von den Jägern der Lüfte – den Greifvögeln und Eulen – fasziniert. Sie erscheinen bereits in Frühwerken der Kunst, und einige Arten werden seit über 4000 Jahren zur Jagd abgerichtet.

Heute geht ihre Zahl in vielen Teilen der Welt durch die Zerstörung ihres Lebensraumes, durch Vergiftung der Umwelt und Verfolgung durch den Menschen zurück. Das ist tragisch, nicht nur wegen des schönen Anblickes dieser Tiere, sondern auch darum, weil sie wichtige und vor allem natürliche Schädlingsbekämpfer sind.

Dieses Buch zählt alle heute lebenden Greifvögel und Eulen auf und macht kurze Angaben über Jagd- und Brutgewohnheiten der besser bekannten und auffälligeren Arten. Volksname und wissenschaftlicher Name, Größe und Verbreitung der Arten werden dabei angegeben.

In weiteren Kapiteln dieses Buches findet sich eine Naturgeschichte dieser Vögel, und das Schlußkapitel beschreibt ihre Haltung in Gefangenschaft und gibt einen kurzen Abriß der Falknerei.

Die vielfältigen Informationen werden durch exakte farbige Illustrationen ergänzt.

Da dieses Buch vornehmlich für interessierte Laien geschrieben wurde, haben wir uns bemüht, wissenschaftliche und falknerische Fachausdrücke möglichst zu vermeiden. Dennoch kann auch der Ornithologe aus einigen Kapiteln Nutzen ziehen, etwa aus den Kapiteln über den Nahrungsbedarf und über die Ursachen des geschlechtsbedingten Größenunterschiedes bei manchen Arten, die Originalergebnisse enthalten und neue Gedanken diskutieren.

G. u. D. L.

Kalifornienkondor

Indienzwergfalk

EINFÜHRUNG

Die Greifvögel bilden die Ordnung Falconiformes. Sie umfaßt die Bussarde, Adler, Falken, Weihen, Habichte und Geier. Es gibt insgesamt 290 verschiedene Arten. Einige Fachleute erkennen nur ungefähr 270 an, weil es sehr schwierig ist zu entscheiden, ob zwei eng verwandte Formen, die vielleicht nur durch ein Meer oder eine Wüste voneinander getrennt sind, als noch zur selben Art gehörig betrachtet werden können, oder ob es sich hier bereits um selbständige Arten handelt.
Die etwa 130 Eulenarten, die die Ordnung Strigiformes bilden, sind alle viel enger miteinander verwandt als die Greifvögel. Eulen variieren außerordentlich in der Größe. Der winzige Elfenkauz hat die Größe eines Zwergfalken, während der Uhu beinahe so groß ist wie der Steinadler.
Der Volksmund bezeichnet viele große Greifvögel, die nicht unbedingt miteinander verwandt zu sein brauchen, als Adler. Die Seeadler sind eigentlich sehr große Aare, und viele andere soge-

nannte Adler sind eher mit den Bussarden oder Weihen verwandt. Dagegen sind manche echten Adler ausgesprochen klein.

Die amerikanischen Geier sind möglicherweise nicht mit den übrigen Greifvögeln verwandt, zeigen aber eine Parallelentwicklung zu den Geiern der Alten Welt.

Von den noch übrigbleibenden Gruppen sind die Falken die bestunterschiedenste. Sie haben eine Anzahl von anatomischen Unterschieden entwickelt, die sie von den übrigen Greifvögeln trennen.

Einige Greifvögel sind sehr klein, wie z. B. die Zwergfalken, die kaum größer als ein Sperling werden. Aber sie sind trotzdem typischere Greifvögel als der Kondor mit seiner Flügelspannweite von 3 m, denn sie vermögen sogar Vögel zu jagen, die zweimal so groß sind wie sie selbst.

BESONDERE MERKMALE

Schwingen und Schwänze

Ein Greifvogel benutzt seine Flügel, um auf Nahrungssuche zu gehen: Einmal findet er ein totes Tier in einer großen Ebene oder fängt einen Vogel, der mit 120 km/h fliegt. Ein andermal fängt er fliegende Ameisen oder räubert ein Wespennest aus und verspeist die Bewohner.

Eine solche Vielzahl von Nahrungsangeboten muß unweigerlich spezialisierte Bewegungsweisen hervorrufen. Verschiedene Greifvögel haben unterschiedliche Flügeltypen ausgebildet, je nach Art der Jagdmethode, auf die sie sich spezialisiert haben. Die 10 großen Handschwingen, die die Flügelspitze bilden und hauptsächlich die Geschwindigkeit des Vogels ermöglichen, können lang oder kurz sein. Die daran anschließenden Armschwingen sind für den Auftrieb zuständig und variieren in Länge und Anzahl je nach Länge des Unterarms.

Ein Vogel, z. B. ein Geier, der nach toten Tieren Ausschau hält, muß vielleicht 300 km oder mehr an einem Tag fliegen. Das Fliegen, besonders der Ruderflug, benötigt viel Energie. Zu diesem Zweck haben Geier sehr lange und breite Flügel entwickelt, die es ihnen ermöglichen, ohne viele Flügelschläge leicht zu

Lannerfalk

Himalayageier

segeln und über große Distanzen zu gleiten. Der Nachteil breiter Flügel ist das schwerfällige Starten und Landen. Aber da die meisten Geier ihre Nahrung nicht fangen müssen, überwiegen die Vorteile. Im Kontrast zu ihren riesigen Flügeln haben die Geier kleine Schwänze. Der Schwanz, der bei Greifvögeln aus 12 bis 14 starken Federn besteht, dient als Steuer. Da die Geier im Flug selten schnell wenden müssen, benötigen sie nur einen kleinen Schwanz.

Große Adler, die auch oft Aas fressen, haben erheblich kürzere und schlankere Flügel als die Geier. Außerdem ist ihr Schwanz viel größer und stärker. Diese Eigenschaften ermöglichen ihnen schnelles Landen und Wenden, wenn sie bewegliche Beute auf dem Boden greifen.

Manche Greifvögel, wie einige Aare, haben lange, schmale Flügel und sind dennoch zum Segeln und Gleiten befähigt. Sie sind jedoch sehr leicht. Kein wirklich starker und schwerer Vogel kann mit schmalen Flügeln, ausgenommen bei idealen Wetterbedingungen, segeln.

Andere Greifvögel wieder besitzen schöne lange Flügel und sind leicht gebaut, trotzdem segeln sie sehr selten. Die Weihen z. B., die flach über offenes Land und Marschen gleiten und dabei

Shikra

Wiesenweihe

Sperbereule

ihre Beute überrumpeln, kommen voran, indem sie einige Flügelschläge machen und dann ein kurzes Stück gleiten.
Viele Greifvögel, von den kleinen Sperbern bis zu den größten Adlern, sind in Wäldern und in baumbestandenem Gelände Jäger geworden und haben die Fähigkeit erworben, die dort lebenden Vögel und Säugetiere zu erbeuten. Sie haben kurze, breite Flügel und lange Schwänze entwickelt. Mit dieser Kombination können sie schnell zwischen den Bäumen umherfliegen und sehr scharf wenden, wenn die Beute versuchen sollte, Deckung zu suchen.
Die meisten Falken besitzen schmale Flügel. Die schweren Exemplare haben an der Basis breitere Flügel, womit sie eindrucksvoll segeln. Lange, schmal-spitzige Flügel ermöglichen dem Vogel, sehr schnell zu fliegen. Die meisten Falken schlagen ihre Beute im Verfolgungsflug. Bei der Jagd auf Vögel segeln viele Falken über ihrer Beute, stürzen dann auf sie herab und benutzen die Fallbeschleunigung, um ihre Opfer zu überwältigen. Dieser Vorgang wird Sturzflug genannt und besonders von den Wanderfalken fast ausschließlich als Jagdmethode angewandt.
Da manche Greifvögel häufig nur gesehen werden, wenn sie hoch am Himmel segeln, kann ihre Bestimmung oftmals außerordentlich schwierig sein. Der genaue Umriß und die Zeichnung des Flügels sind daher für das Unterscheiden der Arten wichtig, ebenso Länge, Umriß und Zeichnung des Schwanzes. Geringe Variationen der Unterflügelkennzeichen und der Flügelumrisse ermöglichen es dem Fachmann, viele Arten, die dem Anfänger identisch erscheinen, zu unterscheiden. Der Winkel, in dem die Flügel gehalten werden, kann ebenfalls zur Identifizierung eines besonderen Greifvogel beitragen.

Die Eulenflügel variieren viel weniger im Umriß als die Flügel der Greifvögel. Viele Eulen, wie die Schleier- und Sumpfohreulen, jagen über offenem Gebiet, etwa in der Art der Weihen, und haben, ähnlich wie diese Vögel, lange, schmale Flügel entwikkelt. Einige der Sperbereulen haben ziemlich lange, kräftige Schwänze, die an Falkenschwänze erinnern und ihnen während des Fluges ein scharfes Wenden und den Fang kleiner Vögel ermöglichen. Aber die meisten Eulen haben ziemlich kurze Flügel und Schwänze und sind für einen räuberischen Vogel nicht besonders manövrierfähig oder schnell. Das ist jedoch kein Nachteil, da sie die wichtigste Anpassung für den Nachtflug haben – lautloses Fliegen. Ihr Gefieder, einschließlich aller ihrer Schwungfedern, ist weich und nachgiebig; weiche Federn, schnell durch die Luft gezogen, verursachen kein Geräusch.

Sperber mit Haussperling

Die Füße

Bei den meisten Vögeln dienen die Füße nur zum Gehen, Hüpfen oder dazu, den Vogel während der Ruhe auf seinem Sitz zu halten. Bei vielen Greifvögeln und bei allen Eulen haben sie darüberhinaus eine weitere wichtige Bedeutung: sie sind wirksame Waffen. Einige Greifvögel benutzen zwar ihren Schnabel zum Töten der Beute, aber meistens sind die Füße die Hauptwaffen, und sie sind darum in der Regel hochentwickelt.

Die meisten Greifvögel haben drei nach vorn und eine nach rückwärts weisende Zehe. Die hintere und die innere Zehe sind im allgemeinen stärker als die anderen und besitzen dickere und längere Krallen. Die meisten Greifvögel können mit diesen beiden Zehen – «Daumen und Zeigefinger» – einen außerordentlich kraftvollen Griff ausüben. Die Krallen werden geradewegs in die verwundbarsten Körperteile der Beute getrieben oder zum Erwürgen verwendet. Kombiniert mit einer kräftigen Bewegung der Beine, können sie auch zum Brechen des Genicks der Beute benutzt werden. Die meisten der größeren Habichte, Bussarde und Adler töten mit dieser Methode. Die mittlere und die äußere Zehe werden im allgemeinen nur dazu benötigt, das Gleichgewicht zu halten, während der Vogel sitzt oder läuft.

Einige Habichte und Falken jedoch, die auf den Vogelfang spezialisiert sind, haben eine sehr lange Mittelzehe entwikkelt. Sie hilft dem Vogel durch eine größere Greifweite, die Beute besser zu erhaschen, denn, wenn die Beute im Moment des Zuschlagens scharf wendet, was meist der Fall ist, könnte die innere Kralle des Habichts nicht wirksam zugreifen, und das Opfer entkäme.

Greifvögel, die Giftschlangen töten, haben kürzere Zehen als normal, um einen starken, festen Griff zu haben, aus dem sich die Schlange nicht herauswinden kann. Mit ein oder zwei Ausnahmen haben Geier keine sehr kräftigen inneren Zehen. Wenn sie an einem Kadaver zerren, legen sie ihr Gewicht auf die innere Kralle, die im allgemeinen größer ist als die anderen. Bei den Neuweltgeiern ist die hintere Zehe sehr klein und von geringem Nutzen. Die meisten Geier haben einen

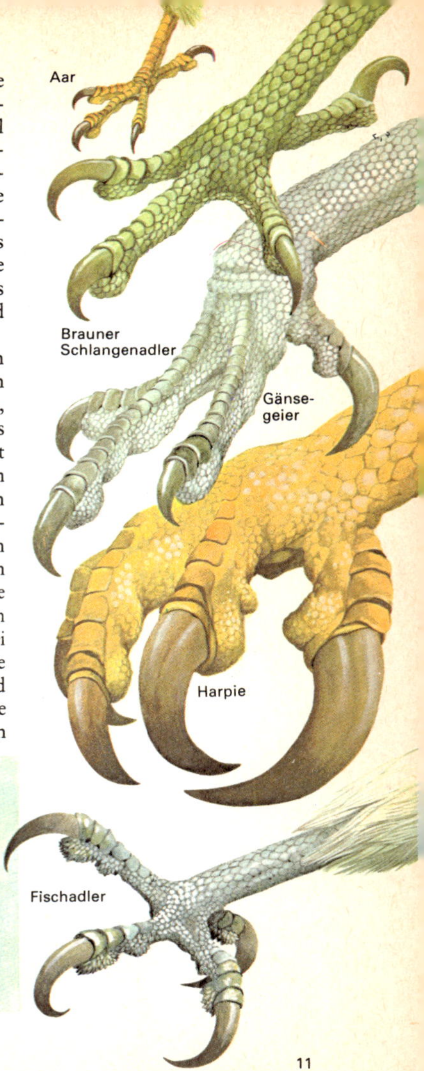

hühnerartigen Fuß.

Der Fischadler, der Weißschwanzfischadler und der Kleine Weißschwanzfischadler besitzen zwei nach vorn und zwei nach hinten gerichtete Zehen. Alle diese Vögel leben hauptsächlich vom Fischfang und benützen beide Füße gleichzeitig, so daß der Fisch auf jeder Seite von vier Krallen gehalten wird. Sie haben auch dornenähnliche Schuppen unter ihren Zehen, eine weitere Anpassung zum Festhalten einer schlüpfrigen, nassen und sich windenden Beute.

Diese Anpassung, bei welcher der äußere Zeh so gedreht ist, daß zwei Zehen vorwärts weisen und zwei rückwärts, findet man auch bei allen Eulen. Eulenfüße sind nicht ganz so stark wie die Füße einiger draufgängerischer Greifvögel, aber die Krallen sind dafür oft sogar spitzer. Die Eulen benützen alle vier Krallen als Angriffswaffen und zerstückeln selten, wenn überhaupt, ihre Opfer.

Schneeeule und Lemming

Fast alle Eulen haben befiederte Füße. Keiner der Greifvögel hat das (obgleich die Federn beim Sibirischen Steinadler beinahe die Zehen bedecken), und bei vielen ist der untere Teil der Beine vollständig frei von Federn. Die beiden Gruppen der Eulen jedoch, die Fische fressen, zeigen nackte Füße und Läufe. Die Läufe werden nämlich oft naß, wenn die Vögel jagen, und Fischschuppen sind schwer von den Federn zu entfernen. So hat sich eine gute Anpassung an ihre Lebensweise ergeben. Sie haben, ähnlich wie die fischfressenden Greifvögel, dornenähnliche Schuppen unter den Zehen, die dazu dienen, die Beute fest in den Griff zu bekommen.
Eulen schlucken im allgemeinen ihre Beute ganz hinunter und halten dadurch ihre befiederten Füße sauber, so daß sie kein Nachteil sind. Die Füße der Greifvögel sind oft nach der Mahlzeit blutrot gefärbt, da sie ihre Opfer damit zerstückeln. Nackte Füße sind für sie also ein großer Vorteil, weil sie leicht und schnell zu reinigen sind.

Schnäbel

Die Hauptfunktion des Schnabels bei den Greifvögeln ist das Zerreißen der Nahrung in verschlingbare Stücke. Ein Steinadler hat einen typisch starken Reißschnabel. Durch kraftvolles Schließen der beiden Schnabelhälften wird die Schnabelspitze in die Beute, die mit beiden Innenzehen festgehalten wird, hineingetrieben und dann ein Stück davon abgerissen. Dabei streckt der Vogel seinen Körper, um so die notwendige Kraft aufzubringen.

Die Schnäbel der Schlangenadler sind im allgemeinen kleiner, da die Schlangen, wenn möglich, in einem Stück hinuntergeschlungen werden. Die Vögel haben eine starke Kiefermuskulatur und beißen fester zu, als es andere Adler können. Dies ermöglicht ihnen, den Schlangenkopf zu durchbeißen, wenn es ihnen gelungen ist, mit den Fängen die Schlange hinter dem Kopf zu fassen.

Die Geierschnäbel haben unterschiedliche Größen und Formen. Der riesige Schnabel des Ohrengeiers ist an das Abreißen und Hinunterschlingen großer Muskelfleischstücke angepaßt. Das andere Extrem zeigt der kleine Schmutzgeier. Er kommt gewöhnlich als letzter an den Kadaver; sein langer, schlanker Schnabel ist darum sehr gut geeignet, kleine Fleischfetzen, die von den größeren Geiern übriggelassen wurden, zwischen den Knochen herauszuziehen.

Die Falken benutzen oft ihren Schnabel zum Töten. Sie haben eine zahnartige Bildung am seitlichen Rand ihres Oberschnabels, die in eine Einkerbung im Unterschnabel paßt und dazu dient, die oberen Halswirbel des Opfers voneinander zu trennen.

Steinadler

Uhu

Einen der eigenartigsten Schnäbel besitzt der Fledermausaar Asiens und Afrikas. Dieser Aar jagt in der Dämmerung, fängt Fledermäuse und Insekten in der Luft mit seinen Fängen, bringt sie zu seinem Schnabel und schluckt sie im Fluge ganz hinunter. Der Schnabel hat einen Längsgrat auf dem First des Oberschnabels und einen enormen Schlund, ähnlich dem der Nachtschwalben.

Eulen haben ziemlich kleine, zierliche Schnäbel. Da sie meist ihre Beute ganz hinunterschlingen, hat keine einen sehr großen Schnabel zum Fleischzerreißen entwickelt. Daher kommt es, daß große Eulen mit großer Beute mehr Zeit zum Fressen benötigen als z. B. Adler. Es ist eine interessante Angewohnheit der Eulen, ihre Angriffslust durch lautes Knacken mit ihrem Schnabel kundzutun. Der Unterschnabel wird bis über die Spitze des Oberschnabels hinaus vorgestreckt, gegen diesen gedrückt und zurückgezogen und klappt dadurch gegen den Oberschnabel.

Wanderfalk

Kuckucksaar

JAGD UND ERNÄHRUNG

Jagdmethoden

Das Jagen ist eine sehr spezialisierte Tätigkeit. Greifvögel fliegen kaum, um auf Verdacht zu jagen. Jagen ist schwierig und eine Kunst. Viele junge Greifvögel werden nie tüchtige Jäger und kommen daher während der ersten Monate ihrer Unabhängigkeit um.

Wenn er jagt, versucht der Greifvogel eine Beute zu finden, die er ohne große Anstrengung fangen kann. Er schaut daher nach etwas aus, das kleiner ist als er selbst. Wenn seine Beutetiere schnellfliegende Vögel oder große Säugetiere sind, wählt er diejenigen, die krank aussehen oder von ihrem Verband abgesprengt worden sind. Greifvögel können keineswegs jeden Tag mit großer Anstrengung jagen, so wie kein Mensch die ganze Zeit über in Hochform arbeiten kann. Aber wenn die Zeiten

Ansitzender Nepalhaubenadler

Rüttelnder Turmfalk

hart und die Vögel oder ihre Jungen sehr hungrig sind, können sie sogar solche Beutetiere töten, deren Größe und Kraft ihre eigene übertrifft. Normalerweise tun sie das aber nicht, denn, abgesehen von der enormen Anstrengung, riskieren sie, sich selbst zu verletzen.

Geier suchen nach toten Tieren. Sie fliegen in großen Höhen, aus welchen sie oftmals nicht gleich erkennen können, ob ein Tier tot ist oder nicht. Daher beobachten sie andere Aasfresser, einschließlich Krähen, Aare, Schakale, Hyänen und große Fleischfressen der weiteren Umgebung. Wenn das Interesse eines Geiers durch einen sich unten abspielenden Vorgang geweckt ist, kreist er langsam abwärts. Diese Bewegung wird von den Geiern in einem weiten Umkreis gesehen. Wenn wirklich Nahrung vorhanden ist, verliert der erste Vogel schnell an Höhe. Die in Sichtweite patrouillierenden Vögel erkennen sofort, was das bedeutet, und fliegen in einem langen, schnellen Gleitflug zum bezeichneten Punkt, den der erste Vogel ansteuert. Noch weiter entfernte Geier sehen ihre Nachbarn davonziehen und folgen ihnen. So erreichen innerhalb von wenigen Minuten viele Geier aus allen Richtungen den Kadaver.

Eine weit verbreitet Fangmethode ist der Überfall, die sogenannte Jagd vom Ansitz. Ein Greifvogel sucht sich einen verborgenen, günstigen Ansitz, gewöhnlich in einem Baum, von dem er eine gute Aussicht auf den Boden hat. Säugetiere oder am Boden futtersuchende Vögel, die dem Räuber den Rücken kehren, sind gefährdet. Diese Methode scheint leicht zu sein, die Kunst ist jedoch, den richtigen Moment abzupassen, um das Opfer zu überwältigen. Ein Vogel, der zu schnell oder zu steil auf seine Beute herabstößt, muß scharf bremsen, bevor er zugreifen kann. Dadurch wird ausreichend Geräusch verursacht, um das Beute-

tier zu plötzlicher Flucht zu veranlassen – gewöhnlich nicht in die Richtung, die der Räuber eingeschlagen hat.
Kleine Nager, Schlangen und Eidechsen, die im flachen, offenen Grasland leben, können nicht von einem Sitz aus gejagt werden. Darum haben einige Vögel die Fähigkeit des Rüttelns entwikkelt. Sie fliegen mit schnellem Flügelschlag langsam gegen den Wind, wobei der weitgespreizte Schwanz nach vorn unten gedrückt wird. So ruhig in der Luft «stehend», entdecken die Vögel die geringste Bewegung im Gras. Für gewöhnlich gehen sie bis auf 15 m herunter und rütteln wieder, bevor sie sich endgültig – mit den Fängen voran – auf die Beute stürzen. Der bekannteste europäische Greifvogel, der Turmfalk, benutzt zum Beispiel diese Jagdmethode.
Eine weitere Jagdmethode über flachem Gelände wird von langflügeligen und leichtgewichtigen Greifvögeln besonders da angewandt, wo die Landschaft leicht wellig ist und Rohrwälder oder niedrigen Bewuchs hat. Die Vögel gleiten tief über den Boden. Alle paar Sekunden machen sie einige Flügelschläge, um die Höhe zu halten. Beutetiere, die mit dem Rücken zum Räuber

Gerfalk schlägt Schneehuhn

auf dem Boden ihre Nahrung suchen, können so überrascht werden. Diese Jagdmethode ist typisch für Weihen. Sie suchen den Boden sehr sorgfältig und geduldig ab, gleiten tief mit in flacher «V»-Stellung gehaltenen Flügeln und stürzen sich auf die ahnungslose Beute. Die Rohrweihe, die über Schilfwäldern jagt, erweckt beim Beutemachen manchmal den Anschein, als fiele sie wie ein Stein ins Schilf. Einige langflügelige Eulen, wie die Sumpfohreule, können oft dabei beobachtet werden, wie sie über offenem Sumpfland in ähnlicher Weise Mäuse und andere kleine Nager jagen.

Viele Greifvögel bevorzugen einen niederigen, heftigen Anflug. Die in bewaldetem Gelände jagenden Arten haben kurze Flügel und einen langen Schwanz, mit deren Hilfe sie plötzlich wenden können. Sie sehen ihre Beute erst, wenn sie nahe daran sind. Das Opfer nimmt sie wahrscheinlich im selben Moment wahr und versucht, die nächste Deckung zu erreichen. Der europäische Sperber ist ein solcher kurzflügeliger Greif.

Einige Vögel benutzen auch den Segelflug in größerer Höhe, um ihre Beute auszumachen. Das Opfer wird dann im Auge behal-

Kaffernadler und Klippschliefer

Steinkauz und Waldmaus

ten, bis es sich in verwundbarer Lage und abseits von der Deckung befindet. Adler, einschließlich Steinadler und Afrikanischer Kampfadler, die in offenem Gelände leben, benutzen diese Jagdmethode recht häufig. Aus einer solchen Segelposition können einige Greifvögel auch über offenem Gelände fliegende Vögel schlagen. Durch einen rasanten Sturzflug wird eine enorme Geschwindigkeit erreicht, und der Jäger kann oft sein Opfer einholen, ehe es die Deckung erreicht. Viele Greifvögel benutzen mehr als eine Jagdmethode. Einige Vögel haben sehr spezialisierte, eigene Jagdmethoden entwickelt.

Mit einer oder zwei Ausnahmen jagen Eulen entweder vom Ansitz aus oder aus einem niedrigen Gleitflug über offenem Gelände. Wie bekannt, haben Eulen auch während der Dunkelheit ein bemerkenswert gutes Sehvermögen. Sie haben außerdem

eine wertvolle Hilfe bei ihrer nächtlichen Jagd: das dreidimensionale Hörvermögen. Eulen besitzen trichterförmig angeordnete Federn im Gesicht (den «Schleier»), die als Schallfänger fungieren, und asymetrische Ohren, die an beiden Kopfseiten verschiedene Positionen innehaben. Selbst wenn sie in dunkler, mondloser Nacht jagen, sind die meisten Eulen in der Lage, ihr Opfer allein nach seinen Geräuschen zu orten und zu schlagen. Wenn die Beute sich jedoch plötzlich unbeweglich oder still verhält, dann genügt auch das Sehvermögen der Eulen.
Eine weitere, den Eulen eigentümliche Jagdhilfe ist, daß sie ihren Kopf rundum in jede gewünschte Position drehen können. Dadurch können sie aus allen Richtungen kommende Geräusche lokalisieren, ohne daß sie ihren Standort wechseln müssen. Eulen orten also ihre Beute mit ihrem Gesichtssinn und vor allem mit ihrem Gehör und überraschen ihr Opfer unter voller Ausnutzung der Dunkelheit. Dabei versetzt sie ihr geräuschloser Flug in die Lage, das ahnungslose Beutetier zu überraschen.

Europäischer Uhu mit Igel

Borneozwergfalk (oben) und
Kahlkopfgeier mit
abstehendem Kropf

Die Nahrung

Der Nahrungsbedarf eines Greifvogels hängt sehr von seiner Größe ab. Ein winziger Zwergfalk benötigt etwa 20 g Nahrung pro Tag, und ein großer Kondor braucht rund 500 g.
Im Verhältnis zu ihrer Körpergröße benötigen kleinere Vögel erheblich mehr Nahrung als größere. Der Zwergfalk verspeist im Laufe eines Tages etwa eine Menge, die der Hälfte seines Körpergewichts entspricht. Wegen seiner geringen Größe verliert der Körper schnell Wärme. Außerdem ist der Zwergfalk auch lebhafter als große Greifvögel. Im Gegensatz zu ihm benötigt der Große Kondor täglich lediglich 3 bis 4% seines Körpergewichts an Nahrung, die er darüberhinaus in freier Wildbahn nur unregelmäßig erhält.
Ein großer Greifvogel, der ausreichend gefressen hat, kann zwei oder drei Wochen ohne Futter durchhalten. Ein Riesenseeadler im Londoner Zoo, der Übergewicht bekommen hatte, fastete freiwillig sechs Wochen lang bei kalter Witterung. Kleine Greifvögel können ein oder zwei Tage lang fasten, und Vögel mittlerer Größe werden erst in weniger als einer Woche wieder hungrig, selbst wenn sie normal fett sind.
Die folgende Tabelle zeigt das mittlere Körpergewicht und den Nahrungsbedarf einiger Greifvögel und Eulen.

	Gewicht des Vogels (in gr)	*Wöchentlicher Nahrungsbedarf (in gr)*
Indienzwergfalk	50	170
Sperberkreischeule	110	210
Buntfalk	110	240
Turmfalk	230	280
Waldkauz	450	340
Wanderfalk	760	570
Mäusebussard	960	570
Schlangenadler	1980	820
Uhu	2720	960
Steinadler	3740	1450
Bartgeier	5670	1810
Andenkondor	11340	3060

Vögel, die in kälteren Gegenden leben, sind gewöhnlich größer und haben mehr Dunen als die verwandten Arten in wärmeren Ländern. Ihr Appetit steigert sich bei sehr kalter Witterung

durchwegs um etwa ein Zehntel.
Die Tabelle gibt grobe Anhaltswerte für den Nahrungsbedarf verschieden großer Greifvögel und Eulen. Selbstverständlich bestehen zwischen den Individuen erhebliche Unterschiede.
Die meisten Vögel werden eine Beute schlagen, die um einiges schwerer ist als das in der Tabelle angegebene Nahrungsgewicht, es sei denn, sie verschlingen ihre Beute in einem Stück. Wie groß der unverzehrt zurückgelassene Rest der Beute ist, hängt von der beutemachenden Art, von ihrem Hunger und von der Beute selbst ab.
Junge Greifvögel verzehren am Tag des Schlüpfens nichts. Ihr Kopf ist noch ziemlich wacklig, und sie sind dadurch möglicherweise nicht in der Lage, sich zum Schnabel der Mutter hochzurecken und das angebotene Fleischstück zu übernehmen. (Sie sperren nicht, wie viele andere Jungvögel.) Doch schon am zweiten Tag sind die Halsmuskeln kräftiger, und die Vögel können das angebotene Futter abnehmen. Bei vielen der kleineren Vögel wird der Appetit schnell größer, bei manchen der größeren Arten, die erheblich länger für ihr Wachstum brauchen, nimmt er langsamer zu.
Ein junger Gleitaar kann schon im Alter von 16 Tagen schwerer sein als seine Eltern. Er ist dann keinesfalls voll entwickelt, sondern nur sehr fett. Andererseits können junge Geier ihr Adultgewicht selbst nach vier Monaten noch nicht erreicht haben. Tropische Greifvögel wachsen langsamer als ihre Verwandten in gemäßigten Breiten, weil ihren Eltern für die Nahrungsbeschaffung nur ein kürzerer Tag zur Verfügung steht. Wenn Greifvögel etwa halberwachsen sind, können sie mehr als doppelt so viel Nahrung benötigen wie ihre Eltern. Wenn sie von ihren Nestgeschwistern nicht gestört werden, tun sie in dieser Zeit kaum etwas anderes als essen und schlafen.
Vögel, deren Flug größtenteils aus Segeln besteht oder die vom Ansitz aus jagen, verzehren im allgemeinen etwas weniger als Vögel, die beim Verfolgen ihres Opfers für schnelle Flügelschläge mehr Energie benötigen. Jedoch brauchen nicht alle Vögel mehr Nahrung, wenn sie eine Zeit erhöhter Aktivität durchmachen. Einige verlieren lediglich ein wenig an Gewicht, während ihre Muskeln kompakter werden und ihr Appetit gleichbleibt.

Steinadler – frisch geschlüpft, Nestling und fast flügge

Gewölle

Wie wir bereits gesehen haben, verschlingen Eulen ihre Beute lieber ganz, und viele Greifvögel tun es ebenso, besonders, wenn die Beute klein ist. Dabei sammelt sich eine ziemliche Menge unverdaulichen Materials im Magen des Vogels an und bildet ein hartes Gewölle. Das ganze wird von den mitverschlungenen Haaren oder Federn zusammengehalten und bildet ein etwa zylindrisches Knäuel, das rückwärts durch den Verdauungstrakt hinausbefördert werden kann. Dieses Auswürgen wird vom Vogel durch Reck- und durch Aufundabbewegungen des Kopfes unterstützt.

Normalerweise werden Gewölle 8–24 Stunden nach einer Mahlzeit vom Vogel ausgewürgt, manchmal aber auch bis zu 5 Tage zurückgehalten.

Nicht selten findet man, daß soeben ausgewürgtes Gewölle noch glänzt. Dieser Glanz rührt von einem Schleimbelag her, der das Gewölle gleitfähig macht.

Eulen scheinen generell nicht in der Lage zu sein, Knochen zu verdauen. So kommt es, daß man bei der Untersuchung ihrer Gewölle das ganze Skelett eines Beutetieres findet. Dadurch wird es für Wissenschaftler ziemlich leicht, herauszufinden, was die Eulen verzehrt haben.

Die meisten Greifvögel dagegen können kleine Knochen verdauen, und manche schlingen auch überraschend große hinunter. Wenn ein kleines Säugetier oder ein kleiner Vogel verzehrt worden ist, findet sich unter Umständen nicht die geringste Spur

von Knochen im Gewölle. Bei anderen Arten kann es vorkommen, daß halbverdaute Reste wieder ausgewürgt werden – nicht immer in Form eines Gewölles, sondern bei manchen Greifvögeln als winzige Knochenstückchen. Die Gewölle dienen auch dazu, den Verdauungstrakt des Vogels gesund zu erhalten. Die weichen Haare oder Federn auf der Außenseite des Gewölles haben die Wirkung eines Putztuches, das die Verdauungswege reinigt.
Die Aufnahme von unverdaulichen Stoffen zur Bildung von Gewöllen scheint für die Gesundheit der meisten Vögel, vor allem während ihrer Jugendzeit, von besonderer Bedeutung zu sein. Mit zunehmendem Alter werden die Gewölle jedoch manchmal unnütz, und die Vögel vermeiden es, unverdauliche Teile ihrer Beute zu verzehren. Gelegentlich können Haare oder Federn sogar schädlich sein.
Am ehesten findet man Gewölle in der Umgebung der Nist- und Ruheplätze. Das Vorhandensein von Gewöllen ist häufig der erste Fingerzeig dafür, daß ein bestimmter Vogel in der nächsten Umgebung brütet oder seinen Ruheplatz hat.
Die Untersuchung des Gewöllinhaltes kann zeigen, wovon sich der fragliche Vogel ernährt. Um jedoch eine genauere Vorstellung zu erhalten, ist eine sorgsame Untersuchung von Gewöllen über ein ganzes Jahr notwendig.
Eulen und Greifvögel sind nicht die einzigen Vögel, die Gewölle auswerfen. Auch Reiher, Eisvögel, Brachvögel und eine Vielzahl anderer Vögel geben die unverdaulichen Teile ihrer Nahrung wieder von sich.

Keilschwanzadler

Sexualdimorphismus

Bei manchen Greifvögeln sind Männchen (Terzel) und Weibchen von etwa der gleichen Körpergröße. Bei den meisten jedoch, wie bei den Eulen, sind die Weibchen größer als die Männchen; manche wiegen fast doppelt soviel wie ihre Partner. Dieser Unterschied, als Sexualdimorphismus bekannt, mag ziemlich seltsam erscheinen, doch er hat gute Gründe.
Bei manchen Arten, vor allem solchen, die völlig oder hauptsächlich von Aas oder von Schlangen leben, nehmen beide Geschlechter die gleiche Nahrung zu sich. Die Methoden ihrer Nahrungssuche und der Jagd sind ebenfalls identisch. Im Falle anderer Arten, die etwa Vögel oder Säugetiere jagen, sieht die Situation oft ganz anders aus.

Brauner Schlangenadler

Die Mehrzahl der Greifvögel und fast alle Eulen haben für gewöhnlich schlecht abgegrenzte Territorien; das Jagdrevier eines Vogelpaares ist jedoch in der Praxis begrenzt. Das wiederum schränkt aber die Zahl der zur Jagd verfügbaren Vögel oder Säugetiere ein. Der Sperber des Nordens ist ein gutes Beispiel dafür. Im Vergleich zu seiner Partnerin ist das Männchen (der Sprinz) ein sehr kleiner Vogel, jedoch außerordentlich agil und über kurze Entfernungen sehr schnell und wendig. Er spezialisiert sich auf den Fang kleiner Vögel bis zur Größe einer Drossel. Das Weibchen dagegen ist deutlich größer, viel schwerer und stärker. Es neigt eher dazu, weniger aktiv und ein wenig langsam zu sein, ist aber darauf spezialisiert, Vögel mittlerer Größe – von Drosseln bis zu Rebhühnern oder auch Tauben – zu schlagen. Das Ergebnis ist, daß ein solches Vogelpaar aus zwei ungleich großen Partnern seinen Lebensunterhalt in einem Territorium finden kann, das in harten Zeiten zwei gleichgroße Vögel nicht ernähren könnte. Wenn die Nahrung knapp ist, wird das Weibchen vielleicht größere Beute als normal schlagen. Die kann es dann mit dem Männchen teilen. Andererseits kann auch das Männchen durchaus einmal an die Grenze seines Leistungsvermögens gehen und eine größere und schnellere Beute fangen, die es dann mit dem Weibchen teilt.

Wanderfalken-Weibchen (vorn) übernimmt Taube vom Männchen

Warum ist nun ausgerechnet das Weibchen größer als das Männchen? Auch dafür gibt es gute Gründe. Alle Greifvögel und Eulen neigen von Natur aus dazu, nichts von ihrer Beute abzugeben; das jedoch erweist sich für das Überleben als notwendig. Junge Vögel lernen im Nest, ihr Futter gegen die Nestgeschwister zu verteidigen. Als ausgewachsene Vögel müssen sie ihre Beute gegen andere Räuber verteidigen. Wenn die Männchen Beute zum Nest bringen, zögern sie manchmal deutlich, das Futter herauszugeben. Das größere Weibchen dominiert generell über das Männchen und ist durchaus in der Lage, diesem, wenn nötig, die Beute wegzunehmen.
Wenn die Jungen frisch geschlüpft sind, hält die meiste Zeit das Weibchen beim Nest Wache. Daß der größere und aggressivere Elternvogel diesen Teil der Aufzucht übernimmt, ist einleuchtend. Die Jungen benötigen in der ersten Zeit nur eine geringe Nahrungsmenge, die jedoch von sehr guter Qualität sein muß: vorwiegend Herz, Leber und Muskel von relativ kleinen Beutetieren. Das Sperbermännchen ist beweglicher und aktiver als

seine Gattin und kann im Laufe eines Tages mehr kleine Beutetiere schlagen als sie. Sobald aber die Jungen anfangen, sich schneller zu entwickeln, hört das Weibchen auf, sie zu hudern (außer bei Nacht oder bei schlechtem Wetter) und jagt dann selbst. Zu diesem Zeitpunkt benötigen die Jungen mehr Nahrung als ihre Eltern, so daß dann die Fähigkeit des Weibchens, größere Beutetiere zu schlagen, besonders wichtig wird. Dann verschlingen die Jungen jedes Stückchen der herbeigebrachten Beute, so daß eine maximale Wachstumsrate möglich wird.
Viele dieser Vögel sind von Natur aus aggressiv und einzelgängerisch. Die zur Aufzucht einer Brut erforderliche Zusammenarbeit ist bei ihnen außerordentlich schwierig. Die Größenumkehr ist also möglicherweise eine Anpassung, die das Überleben der Art sicherstellen soll. Am Nest ist das Männchen dem Weibchen unterlegen.

Habicht-Männchen bringt Drossel zum Horst

Gauklerweibchen und Horst (nächste Seite)

NESTBAU, BRUT UND JUNGENAUFZUCHT

Paarung und Brut

Fast alle Greifvögel und Eulen interessieren sich anscheinend schon einige Zeit vor dem eigentlichen Legebeginn für den zukünftigen Standort ihres Nestes. Sie bringen einige Zeit in der Nähe des Horstes zu und setzen ihn instand. Viele Greifvögel haben im allgemeinen mehrere verschiedene Horste, die im Wechsel benutzt werden. Dieser Wechsel ist möglicherweise eine der Gesundheit dienende Anpassung, die eine erneute Infektion mit Nestparasiten, Läusen und Fliegen verhindert. Manche Greifvögel dagegen benutzen den gleichen Horst Jahr um Jahr, andere wieder errichten ihn in jeder Brutsaison. Bei manchen Arten oder Individuen, die einige Jahre lang denselben Horst benutzen, wird er letztlich ein riesiges Gebilde, denn das Nestmaterial wird jedes Frühjahr durch neue Äste und Zweige vermehrt.

Wahrscheinlich verpaaren sich die meisten Greifvögel und Eulen für das ganze Leben. Sollte einer der beiden Partner umkommen, findet der andere ziemlich schnell einen neuen Partner,

falls es sich nicht um eine in der Gegend besonders seltene Art handelt. Andere Vögel, die nach der Brutzeit das Brutrevier verlassen, kehren normalerweise im darauffolgenden Jahr zur Brutzeit wieder zum gleichen Neststandort zurück, treffen dort den Partner des Vorjahres wieder und verbinden sich erneut mit ihm.
Während der Balz führen die meisten Greifvögel ihrem Partner Flugkunststücke vor. Bei den Eulen dagegen wäre ein solches Verhalten wegen der Dunkelheit unsinnig. Statt dessen sitzen sie häufig nahe zusammen, reiben gelegentlich die Schnäbel aneinander und rufen. Viele Greifvögel treiben während der Balz gegenseitige Gefiederpflege, was jedoch bei den aggressiveren Arten ziemlich selten ist. Viele der größeren Vögel bringen ihrem sich am Nest aufhaltenden Partner einen belaubten Zweig; dieses «Geschenk» scheint beide Vögel irgendwie zu erregen.
Wenn das Weibchen mit dem Legen beginnt, hört sie auf, sich Nahrung zu erjagen, und beginnt zu brüten. Nachdem das Ei oder die Eier gelegt sind, brütet sie fast ununterbrochen. Manchmal sitzt auch das Männchen auf den Eiern. Normalerweise schafft es aber das Futter für das jetzt viel weniger Nahrung benötigende Weibchen herbei. Dieses muß die Eier je nach Art zwischen 14 und 52 Tagen bebrüten.

Steinadlerhorst in Kiefer

Nester

Greifvögel und Eulen können ihr Nest fast an jeder Stelle anlegen. Im Idealfall soll es ein gegen Wind, Regen und zu starke Sonnenstrahlung geschützter, für andere Räuber schwer erreichbarer Platz und eine sichere Wiege für Eier und Junge sein.
Der beste Standort für ein Nest überhaupt ist wohl ein Loch oder der überdachte Sims einer Felswand. Das Loch kann sich aber auch in einem Baum, einem Gebäude oder sogar im Boden befinden. Es kann aber auch eine kleine Höhle in einem Bergabhang sein. Ein derartiger Neststandort besitzt alle obengenannten Vorzüge, und für das Nest, das hier viel leichter zu bauen ist als an anderen Stellen, wird weniger Baumaterial benötigt.
Manche Greifvögel und Eulen, die in Bäumen brüten, übernehmen gerne die verlassenen Horste anderer Arten. Viele jedoch, einschließlich aller Adler, bauen ihren eigenen Horst, der ein ge-

waltiges Gebilde ist. Jahr für Jahr wird neues Material hinzugefügt, bis der Horst zu schwer und, meist bei einem Sturm, zerstört wird; manchmal aber auch wird das Gewicht des Horstes für den Baum zu groß und läßt ihn abstürzen. Der Horst eines Steinadlers in einer Kiefer war gut 5 m hoch und 1,5 m breit. Horste von etwa 3 m Höhe bestehen aus etwa 1 Tonne Geäst. Ein Baumhorst an geschützter Stelle kann viele Jahre lang seine Dienste tun: Der Horst eines Kronenadlers in Südafrika z. B. wurde mehr als 70 Jahre lang benutzt. Baumhorste sind sicherer als die meisten Felshorste und haben den Vorteil, den Vögeln und ihren Jungen Schatten zu spenden.
Eine Anzahl räuberisch lebender Vögel brütet in Steppen- oder Wüstengebieten auf dem Boden. Auch in sumpfigem Gelände gibt es oftmals keine andere Möglichkeit. Das Nest kann sich dann ganz einfach auf einer Bodenerhöhung, einem kleinen Steinhaufen, einem Rohrbüschel oder irgendeiner anderen, dickeren Unterlage befinden. Auf Inseln, auf denen sich wenige Raubtiere befinden, können Greifvögel auch am Strand nisten.

Fischadlerhorst auf Inselstrand und (unten) Kapgeiernest auf Felssims

Eier

Greifvögel und Eulen legen weniger Eier als die meisten anderen Vogelordnungen, viele nur 1 oder 2 Eier. Die Mehrzahl der kleineren Arten legt zwischen 3 und 5 Eiern, und nicht alle Greifvögel legen jedes Jahr.
In der Arktis legen Greifvögel und Eulen bis zu 9 Eiern, wenn ausreichend Nahrung zur Verfügung steht. Wenn sie jedoch knapp ist, legen sie nur 1 oder 2 Eier, oftmals auch gar keins. Unabhängig davon legen die räuberisch lebenden Vögel Eier, die der Größe des Weibchens entsprechen. Die natürliche Zuchtwahl verhindert, daß zu große Eier gelegt werden. Wenn ein Vogelweibchen mit einem fertigen Ei im Uterus ein Beutetier schlagen würde, so könnte es vorkommen, daß das Ei zerbricht. Das hätte für den Vogel fatale Folgen. Auf der anderen Seite kann ein Greifvogel kein zu kleines Ei legen, weil die Jungvögel beim Schlüpfen hinreichend weit entwickelt sein müssen, um zum Verschlingen und Verdauen von rohem Fleisch fähig zu sein.
Die Eier der Greifvögel sind an einem Ende gerundet und am anderen etwas spitzer. Diese Form verhindert, daß das Ei aus einem Reisignest hinaus- oder von einem Felssims hinunterrollt. Viele Eier sind schön gezeichnet und gefärbt: rotbraun bis orange, zeigen sie verschiedenste Braunschattierungen und sind manchmal sogar fast purpurn. Andere sind weiß oder weitgehend weiß.
Die fast runden Eier der Eulen unterscheiden sich davon jedoch deutlich. Obwohl diese Vögel manchmal auch in den Nestern anderer Vögel brüten, legen sie ihre Eier meist in Höhlen, wo sie geschützt sind und nicht hinausrollen können. Die Evolution einer differenzierteren Eiform war also nicht notwendig. Die Angewohnheit, in Höhlen zu brüten, brachte auch mit sich, daß die Eier keine Tarnung gegen Räuber nötig haben und daher völlig weiß sind.
Die Eier des Andenkondors und des Kalifornienkondors sind die größten; sie messen 11 × 7 cm. Die Eier der größeren Adler messen etwa 8 × 6 cm und wiegen zwischen 140 und 170 gr. Die Maße einiger weiterer Eier in cm sind: Bussard 6 × 4,5, Turmfalk 4 × 3, Indienzwergfalk 3 × 2, Uhu 6 × 5, Schleiereule 4 × 3 und Sperlingskauz 3 × 2,5.

Seeadler
Schmutzgeier
Waldkauz
Uhu
Turmfalk

Fledermausfalk überläßt
seinem Jungen einen
Schwarzkehlsänger

Brutpflege und Einweisung der Jungen

Gute Eltern sind für junge Greifvögel vielleicht noch wichtiger als für jedes andere Lebewesen. Wir haben bereits gesehen, wie die Jungen von der Mutter gehegt werden, bis die Familie so viel Nahrung benötigt, daß das Weibchen selbst wieder mit der Jagd beginnen muß. Wenn die Jungen größer werden, lernen sie, die Beutetiere selbst zu zerlegen. Die Beute wird von den Alten dann nur noch zum Nest gebracht und einfach dort zurückgelassen. Das ist die erste wirkliche Aufgabe, deren Bewältigung die Jungen lernen, und ihr erster Schritt auf dem Wege zur Unabhängigkeit.

Normalerweise werden junge Greifvögel nicht durch Hunger gezwungen, das Nest zu verlassen. Immer wieder üben sie am Nestrand ihre Flügel zu gebrauchen, und manchmal werden sie versehentlich von einer Bö davongetragen. Manchmal ist auch der Anblick eines auf einem nahegelegenen Ast Nahrung aufnehmenden Elternvogels der Antrieb zum Verlassen des Horstes; für gewöhnlich scheint es jedoch, als ob die Jungen einen plötzlichen Entschluß faßten und ausflögen. Bei Arten, die ausschließlich von fliegender Beute leben, muß ein ausgezeichnetes Flugvermögen erreicht werden; hierbei helfen die Eltern noch einige Zeit mit. Bei Arten, die von Aas oder langsamen Beutetieren leben, kann die völlige Unabhängigkeit schon viel früher erreicht werden.

Oftmals veranstalten die Altvögel Flugspiele mit ihren Jungen: Sie jagen einander, machen Sturzflüge, Überschläge, scharfe Wendungen, fliegen Bögen und veranstalten vielerlei andere Manöver bei hoher Geschwindigkeit. Manchmal bringt ein Elternteil Beute herbei und fordert das Junge auf, sich ihrer zu bemächtigen. Natürlich übergibt der Altvogel nach einiger Zeit die Beute, jedoch nicht, ehe der Jungvogel sich heftig darum bemüht hat und so lernt, daß ein Beutetier nicht ohne weiteres zu schlagen ist. Außerdem versuchen Altvögel oft, den Jungen das Beuteschlagen beizubringen, indem sie ihnen die Nahrung frei in der Luft übergeben oder sie fallenlassen, damit sie der Jungvogel auffängt.

Zu Anfang wird es den Jungen nur gelegentlich gelingen, selbst Beute zu machen. Ihr Können nimmt jedoch zu, und sie werden unabhängiger. Dieser Vorgang kann wenige Wochen in Anspruch nehmen oder, wie im Falle einiger Adler, ein Jahr dauern.

SYSTEMATISCHE LISTE DER GREIFVÖGEL UND EULEN

Die Geier der Neuen Welt

Die 7 überlebenden Arten der Familie Cathartidae, die Neuweltgeier, sind die Nachfahren einer einstmals wahrscheinlich über die ganze Welt verbreiteten Vogelgruppe; fossile Reste wurden in Europa gefunden. Zahlreiche Fossilien fand man in Kalifornien, unter denen sich auch einige Arten befanden, die weit größer waren als irgendeine der heute bekannten Geierarten. Eine von ihnen, *Teratornis incredibilis,* hatte eine Flügelspannweite von 500 cm. Andere, einschließlich *Teratornis merriami,* die erst in relativ jüngerer Zeit ausgerottet worden sind, besaßen eine Flügelspannweite von 360 bis 440 cm.
Vögel von dieser Größe konnten unter idealen Bedingungen überleben. Sie benötigen sowohl große Nahrungsmengen als auch Wetterverhältnisse, die das Gleiten und Segeln erlaubten.

Zwei sehr große Vertreter dieser Familie haben bis heute überlebt: der Große oder Andenkondor *(Vultur gryphus)* und der Kalifornienkondor *(Gymnogyps californianus);* beide haben eine Länge von 100 bis 116 cm. Beide Vögel sind sich auch in der Flügelspannweite (270 bis 300 cm) und im Gewicht, 10–14 kg, ähnlich. Den Andenkondor findet man fast überall in den Anden, von Meereshöhe bis 4500 m. Obwohl sein Vorkommen in einigen Gebieten abgenommen hat, behauptet er sich doch noch in vielen Gegenden. Er ernährt sich meistens von Aas. Die jungen Vögel sind braun, die ausgewachsenen schwarz und silbergrau. Der Andenkondor ist der einzige unter den Neuweltgeiern, bei dem das Geschlecht sehr leicht festgestellt werden kann: Das Männchen hat gelbe Augen und einen Hautwulst über dem Schnabel, der dem Weibchen, das zudem rote Augen hat, fehlt.

Königsgeier

Andenkondor

Wahrscheinlich ist der nächste Verwandte des Andenkondors der Königsgeier *(Sarcohamphus papa)*. Er ist ein kleinerer Vogel mit einer Länge von 76 bis 81 cm und einer Flügelspannweite von ungefähr 180 cm und bewohnt die tropischen Wälder Mittel- und Südamerikas. Er geht nicht ins Hochgebirge, da er nicht frostresistent ist. Sonst ist er aber ein starker Vogel, der andere Geier vom Aas vertreibt und möglicherweise in der Lage ist, Schlangen zu töten. Die jungen Vögel sind braun und die adulten mit 6 Jahren schwarz und rosa-weiß, mit einem orangefarbenen Hautwulst auf einem dunklen Kopf.

Der Rabengeier *(Coragyps atratus)* ist 56 bis 66 cm lang, mit einer Flügelspannweite von nur wenig mehr als 1 m und einem Gewicht von 2250 Gramm. Die Rabengeier sind gesellig und pflegen sich da zu versammeln, wo die Nahrung einigermaßen reichlich ist. Sie sind kurzflügelig und verbringen weniger Zeit in der Luft als andere Arten. Sie sind darum nicht in der Lage, sehr große Gebiete abzusuchen. Obgleich sie normalerweise Aasfresser sind, fressen sie gelegentlich Vogeleier und bisweilen Ferkel.

Rabengeier mit Baumwollschwanzkaninchen

Es gibt 3 Arten von Truthahngeiern: den Truthahngeier *(Cathartes aura)* mit einer Länge von 66 bis 76 cm, der von Süd-Kanada bis Feuerland und den Falklandinseln vorkommt, und zwei Arten im tropischen Südamerika, den Gelbkopfgeier *(Cathartes burrovianus)*, 56 bis 66 cm lang, und den Großen Gelbkopfgeier *(Cathartes melambrotus)*, 71 bis 81 cm.
Truthahngeier, ausgenommen der Gelbkopfgeier, sind langflügelige Vögel mit einer Spannweite von 180 cm. Sie segeln hoch und fliegen wie Weihen tief über dem Boden, um nach Aas zu suchen. Sie können es, vorausgesetzt das Aas ist nicht zu frisch, im Tiefflug durch den Geruch finden.
Der Kalifornienkondor ist in Wirklichkeit ein gigantischer Truthahngeier. Bedauernswerterweise gibt es nur noch 40 Vögel dieser Art. Sie leben in abgelegenen Gebieten Kaliforniens und brüten, ähnlich wie der Andenkondor, in Felsnischen hoch im Gebirge. Die kleineren Neuweltgeier brüten generell nahe dem oder auf dem Boden, zwischen Gebüsch, Felsen, in hohlen Bäumen oder gelegentlich in alten Ruinen. Die Kondore legen nur 1 Ei und brüten nicht jedes Jahr. Die kleineren Geier brüten gewöhnlich jährlich.

Sekretär und Fischadler

Der Sekretär *(Sagittarius serpentarius)* lebt im afrikanischen Savannengebiet, südlich der Sahara. Er ist eine Art Fußgänger unter den Greifvögeln. Auf seinen langen stelzenähnlichen Beinen «thronend», ist er in der Lage, den Boden gründlicher abzusuchen als irgendein anderer Greifvogel. Er ist wahrscheinlich am bekanntesten wegen seiner Fähigkeit, Schlangen zu fangen. Darüberhinaus sucht er das Grasland nach Insekten, Nagern, jungen Vögeln, Eidechsen usw. ab. Da die Füße weniger spezialisiert sind als die vieler anderer Greifvögel, hat er eine abweichende Art entwickelt, seine Beute zu töten, nämlich mit Fußtritten. Nach jedem Fußtritt springt er etwa einen Meter zurück, umkreist die Beute, springt wieder vor und versetzt ihr einen weiteren Fußtritt. Die Krallen können beim Töten der Beute mitbenutzt werden. Sie spielen jedoch eine geringere Rolle als bei den meisten anderen Greifvögeln. Sekretäre fliegen weniger als andere räuberische Vögel. Sie halten sich dabei im allgemeinen sehr tief und segeln selten. In einem ziemlich kleinen Nest, gewöhnlich auf einem niedrigen, ausgebreiteten Gebüsch, werden 2 Eier gelegt.

Sekretär mit Python

Der Fischadler *(Pandion haliaetus)*, 59 bis 61 cm lang, ist unter den Greifvögeln am meisten auf den Fischfang spezialisiert. Sein gut angepaßter Fuß mit je zwei sich gegenüberstehenden Zehen und Schuppen und scharfen Spitzen auf der Unterseite der Zehen ermöglicht es ihm, einen glitschigen und sich windenden Fisch zu fassen. Der Fischadler fliegt normalerweise nach Art der Aare niedrig und bleibt plötzlich im Rüttelflug stehen, wenn er im Wasser eine Bewegung bemerkt hat. Sofern die Bewegung von einem Fisch der richtigen Größe verursacht worden ist, stürzt sich der Vogel hinab. Mit den Füßen voran taucht er ins Wasser und kann, wenn es notwendig ist, auch ganz untertauchen. Er ist der einzige Greifvogel, der dazu in der Lage ist, denn sein Gefieder ist außerordentlich wasserabweisend. Fischadler gibt es, außer in den Polarregionen, fast auf der ganzen Welt. Für gewöhnlich brüten sie auf Inseln, manchmal in sehr dichten Kolonien. Ihre 2 oder 3 Eier werden in ein großes, aus Ästen, Tang, Treibholz oder totem Pflanzenmaterial gebautes Nest abgelegt.

Fischadler

Zwergschopfaar

Weihe und Aare

Kuckucksaare sind kleine Vögel, 38 bis 43 cm lang, die bewaldete Gebiete in Afrika und Madagaskar, Teile Südostasiens und das nördliche Australasien bewohnen. Sie jagen zumeist in der Morgen- und Abenddämmerung. Manchmal ziehen sie auch in Gruppen umher und durchsuchen die Bäume nach kleinen Beutetieren. Ihr ungewöhnlichstes Merkmal ist der Besitz von zwei Einkerbungen im Oberschnabel. Das ist eine Anpassung, die ihnen das Halten und Zerteilen großer Insekten ermöglicht und ihnen möglicherweise auch zum Töten größerer Beute dient, da ihre Füße ziemlich schwach sind.

Es gibt 5 Arten, die alle einen Schopf haben. Der afrikanische Kuckucksaar *(Aviceda cuculoides)* ist auf der Oberseite braun, Kopf und Brust sind gräulich. Die Unterseite ist weiß und mit rotbraunen Querbändern gefärbt. Der Kehlstreifkuckucksaar Madagaskars *(Aviceda madagascariensis)* hat drei schwarze Streifen auf der Kehle und ist auf der Unterseite weiß mit rotbraunen Streifen. Der Schopfkuckucksaar *(Aviceda jerdoni)*, der von Sikkim bis Sumatra auftritt, hat einen schwarzen Schopf mit weißen Spitzen. Der Haubenkuckucksaar *(Aviceda subcristata)* von Australien und den benachbarten Inseln hat einen kürzeren Schopf, rostbraune Schenkel und Unterflügel. Der Zwergschopfaar *(Aviceda leuphotes)* bewohnt große Teile Indiens, Burmas und Malayas und ist viel kleiner als die anderen Arten (28 cm).

Zwei kleine, den südamerikanischen Dschungel bewohnende Weihe, der Zwischenweih *(Harpagus bidentatus)*, 30 bis 36 cm, und der Rotschenkelweih *(H. diodon)*, 30 bis 36 cm, ähneln in ihren Lebensgewohnheiten den Kuckucksaaren. Auch sie haben einen Schnabel mit zwei Zähnen. Beim Zwischenweih sind die Geschlechter ziemlich unterschiedlich: die Männchen sind dunkelbraun auf der Oberseite, graubraun auf dem Kopf, grau gebändert und weiß auf der Unterseite. Die Weibchen sind unterseits braun, mit weißen Bändern auf dem Rumpf. Der Rotschenkelweih ist außer auf den Schenkeln auch auf der Unterseite hellgrau.

Der Fledermausaar *(Machaerhamphus alcinus)* Südafrikas, Indonesiens und Neuguineas, 41 bis 47 cm, ist der nächtlichste aller Greifvögel. Er ähnelt einem großen dunklen Kuckucksaar und hat sehr lange Schwingen, die ihm die zum Fang seiner

Fledermausaar stößt auf Fledermaus

Beute notwendige Geschwindigkeit verleihen. Ebenso gut wie er Fledermäuse tötet, fängt er auch Insekten und gelegentlich sogar kleine Vögel. Den Tag verbringt er ruhend auf dem Ast eines Baumes. Wie die anderen Arten dieser Kategorie baut er einen Horst auf einen Baum und legt durchweg 2 Eier. Kuckucksaare legen 1 bis 3, der Zwischenweih 3 bis 4 Eier.
Ein weiterer Weih mit einem deutlichen Zahn am Oberschnabel ist der Cayennemilan *(Leptodon Cayanensis)*, 43 bis 51 cm, der in den Flachlandwäldern von Südmexiko bis Nordargentinien lebt. Er hat große Flügel und einen langen Schwanz mit schwarzen und fahlgrauen Querbinden. Auf der Oberseite ist er schwarz, unten weiß, und der Kopf ist hellgrau gefärbt.
Der Langschnabelweih *(Rostrhamus sociabilis)*, 39 bis 42 cm, hat eine ähnliche Verbreitung wie die beiden vorhergehenden Arten, kommt aber auch in Florida und auf Kuba vor. Er lebt ausschließlich von Süßwasserschnecken. Sein langer, gekrümmter Schnabel ist speziell angepaßt, diese Tiere aus ihren Schalen hervorzuholen. Das Männchen ist auf der Abbildung zu sehen; Weibchen sind tiefbraun, haben eine heller gestreifte Unterseite, eine weiße Bauchseite und einen weißen Streifen über jedem Auge.
Der Hakenweih *(R. hamatus)* Nordamerikas ist geringfügig kleiner, besitzt einen noch längeren Schnabel, stärkere Beine und Füße. Er hat ein völlig dunkles Gefieder.

Wespenbussard

Der Wespenbussard *(Pernis apivorus)*, 51 bis 61 cm, ist in Wahrheit ein Weih, der oberflächlich einem Bussard ähnelt. Während des Sommers kommt er in ganz Europa und Asien, von England bis nach Borneo, vor. Den Winter verbringt er in Afrika und Südasien, wo sich die dort beheimateten Arten durch den Besitz einer Haube von ihm unterscheiden. Der Malayenwespenbussard *(P. celebensis)*, 51–56 cm, von Celebes und den Philippinen, ist unterseits kräftig braun und weiß gebändert. Diese Vögel plündern die Nester von Wespen und Bienen und verzehren Larven und Honigwaben. Gewöhnlich legen sie 2 Eier.

Der Papuawespenbussard *(Henicopernis longicauda)*, 51 bis 56 cm, von Neuguinea und den umgebenden Inseln, ist auf der Oberseite dunkelbraun und grau gebändert und unterseits weißlich und mit dunklen Streifen. Möglicherweise legt er nur 1 Ei. Die Vögel von Neubritannien sind kleiner und dunkler und bilden wahrscheinlich eine gesonderte Art, bekannt als Schwarzwespenbussard *(H. infuscata)*.

Der Südschwebeweih *(Ictinia plumbea)*, 38 cm, bewohnt hohe Bäume in offenem Gelände von Mexiko bis nach Nordargentinien. Er ist oberseits dunkelgrau und unterseits heller grau mit zwei weißen Binden auf dem Schwanz. Der Mississippiweih *(I. Misisipiensis)*, 35 cm, der im Sommer im Südosten der USA gefunden wird, den Winter aber weiter südlich verbringt, ist ähnlich gefärbt, jedoch mit einem völlig schwarzen Schwanz. Er nistet vorwiegend in hohen Bäumen, und die Weibchen legen 1 bis 3 Eier.

Schneckenweih

Der Schwalbenweih *(Elanoides forficatus)*, 61 cm, kommt im Flachland in der Nähe von Wasser vor. Er lebt in den südlichen USA und im Norden Südamerikas. In Gruppen jagen Schwalbenweihe große Insekten, Baumfrösche, Eidechsen und gelegentlich Schlangen. Sie nisten in hohen Bäumen und legen 2 oder 3 Eier.

Der afrikanische Schwalbengleitaar *(Chelictinia riocourii)*, 38 cm, kommt in den offenen Geländen von Senegal bis zum Sudan und nach Kenya vor. Sein Gefieder ist hellgrau auf der Oberseite und weiß auf der Unterseite. Er lebt hauptsächlich von Insekten und ist normalerweise in Trupps hoch in der Luft zu beobachten. Er baut seinen Horst in einem kleinen, dornigen Baum und legt dort 3 oder 4 Eier ab.

Der Perlenweih *(Gampsonyx swainsonii)*, 20 cm, lebt in spärlich bewaldeten Savannen und an Rändern lichter Wälder im nördlichen und zentralen Südamerika. Sein Gefieder ist oberseits dunkelbraun und grau gemischt und rotbraun im Genick und an

Schwalbenweih

der Seite. Die Unterseite ist weiß mit schwarzen Flecken. Seine Nahrung besteht aus Insekten, Eidechsen und gelegentlich Mäusen und kleinen Vögeln. Er brütet in kleinen Kolonien in hohen Bäumen; jedes Nest enthält 3 Eier.

Der Gleitaar *(Elanus caeruleus)*, 28 bis 35 cm, lebt in Portugal, Afrika und Südostasien. Der Weißschwanzgleitaar *(E. leucurus)*, 41 cm, aus der Neuen Welt und der australische Schwarzschultergleitaar *(E. notatus)*, 33 bis 35 cm, sind sich sehr ähnlich. Beide zeigen eine schwarze Zeichnung in der Achsel und unterscheiden sich auch sonst in der Färbung nur geringfügig. Der Schwarzachselgleitaar *(E. scriptus)* aus Süd- und Zentralaustralien sieht dem Gleitaar ähnlich, hat jedoch ein schwarzes Band entlang der Vorderkante des Flügels. Ratten und andere kleine Nager sind seine Hauptnahrung. Der Vogel fliegt beim Jagen langsam und rüttelt häufig. Die letztgenannten vier Aare bauen kleine Nester in Bäumen und legen generell 3 oder 4 Eier.

Die Größe des Schwarzmilans *(Milvus migrans)* schwankt je nach Herkunft zwischen 46 und 64 cm. Dieser Vogel ist, trotz seines Namens, ein Weih, einer der beiden gewöhnlichsten Greifvögel, der in der ganzen Alten Welt, von Spanien bis Australien, vorkommt. Er ist ziemlich leichtgewichtig – zwischen 500 und 700 g –, und seine langen Flügel und der lange Schwanz verleihen ihm einen wundervoll leichten Flug. Er kreist während der meisten Zeit des Tages und nimmt kleindimensionierte Nahrung, die tot oder lebendig sein kann, vom Boden

Rüttelnder Gleitaar

Schwarzmilan

auf. Er nistet gewöhnlich in Bäumen oder gelegentlich auch auf Felsen oder Gebäuden, manchmal mit anderen Paaren zusammen. 3 Eier bilden das normale Gelege. Der Rotmilan *(M. milvus)*, 56 bis 61 cm, ebenfalls ein Weih, kommt in fast ganz Europa, Nordostafrika und auf den Kapverdischen Inseln vor. Er hat eine rotbraune Färbung, längere Schwingen und einen längeren Schwanz als der Schwarzmilan. Außerdem tötet er

Flugbild des Rotmilans

größere Beute. Seinen Horst baut er in Bäume und legt dort gewöhnlich 3 Eier.

Der Schopfmilan *(Lophoictinia isura)* aus Australien, der 51 cm groß ist, ähnelt sehr dem Rotmilan, jedoch ist sein Schwanz kürzer und nur schwach gekerbt. Er fliegt beim Jagen wesentlich niedriger als die meisten Aare und Weihe und fängt junge Vögel, Reptilien und auch Raupen. Er legt 2 oder 3 Eier in einen Baumhorst, der gewöhnlich in Wassernähe gebaut wird.

Der Haubenmilan *(Hamirostra melanosternon)*, 53 bis 61 cm, ist eine weitere australische Art, die etwas schwerer gebaut ist als die vorher beschriebene und einen kurzen Schwanz hat. Einige Vögel haben eine dem Schopfmilan ähnliche Färbung, andere haben einen schwarzen Kopf und eine schwarze Brust. Der Haubenmilan erbeutet vornehmlich Kaninchen und Eidechsen, verzehrt aber auch Eier, wobei er zum Beispiel Emueier mit einem Stein knackt. Er brütet in Bäumen und legt 2 Eier.

Der Brahminenweih *(Haliastur indus)*, 43 bis 51 cm, kommt von Indien bis Nordaustralien vor, und der Pfeifweih *(H. sphenurus)*, 51 bis 56 cm, bewohnt fast ganz Australien, Neuguinea und einige weitere Inseln. Er ist ein brauner Vogel mit gelblicher Zeichnung. Beide Vögel verzehren Heuschrecken, Insekten, Fische, Frösche, Reptilien, junge Vögel und kleine Säugetiere. Einige Pfeifweihe schlagen regelmäßig Kaninchen. Beide Arten leben an der Küste oder im Binnenland in Wassernähe. Sie nisten in Bäumen und legen 2 oder manchmal 3 Eier.

Brahminenweih

Seeadler

Die 8 Seeadlerarten sind ziemlich nah mit den Aaren verwandt, sie sind jedoch viel stärker und schwerer. Um dennoch gut flugfähig zu sein, mußten sie breitere Schwingen entwickeln. Die Flügelspannweite ist groß, sie schwankt zwischen 170 und 230 cm. Die Seeadler haben meistens einen keilförmigen Schwanz. Es gibt vier kleinere Arten: Der Weißbauchseeadler *(Haliaeetus leucogaster)*, 64 bis 69 cm, der an den Meeresküsten von Indien bis Australien vorkommt, ist oberseits grau mit weißem Kopf und weißer Unterseite. Der Solomonenseeadler *(H. sanfordi)*, 64 bis 71 cm, von den Solomon-Inseln, ist oberseits dunkelbraun und unterseits rotbraun. Der Schreiseeadler *(H. vocifer)* aus Afrika, 58–74 cm, kommt an Küsten, Seen und Flüssen südlich der Sahara vor. Der Madagaskar-Seeadler *(H. vociferoides)*, 58 bis 66 cm, ist braun, mit rötlichen Streifen auf dem Kopf und auf der Unterseite; seine Wangen und sein Schwanz sind weiß.
Die vier größeren Seeadler: Der Bindenseeadler *(H. leucory-*

Seeadler

phus), 68 bis 81,5 cm, lebt von der Kaspi-See bis zum Amur und in Süd- und Zentralindien und Burma. Er ist braun, mit gelblichem Kopf und Nacken, und hat ein breites weißes Band über dem gerundeten Schwanz. Der Weißkopfseeadler *(H. leucocephalus)* aus Nordamerika hat eine Größe von 76 bis 92 cm und ist dunkelbraun. Der Kopf ist reinweiß. Der Seeadler *(H. albicilla)*, 62 bis 97 cm, kommt in Grönland, Island, dem größten Teil Europas und in Nord- und Zentralasien vor. In Nordostasien lebt noch der Riesenseeadler *(H. pelagicus)*, 89 bis 104 cm. Außer der abgebildeten Form gibt es noch eine völlig schwarze Phase mit weißem Schwanz.
Seeadler haben ein ziemlich weites Nahrungsspektrum. Die klei-

Riesenseeadler

neren Arten verzehren zumeist Fisch, den sie mit den Fängen von der Wasseroberfläche nehmen. Der Solomonseeadler schlägt außerdem Vögel und Säugetiere.
Die großen Seeadler verzehren mehr Aas und schlagen Vögel und Säugetiere. Die erbeuteten Tiere sind zumeist krank, verletzt oder noch jung. Seeadler sind keine besonders wendigen Flieger. Ihre gewaltigen Horste werden auf Bäumen, Felssimsen, zwischen Gesteinsblöcken, auf Inseln oder in abgelegenen, baumlosen Gegenden auch auf dem Boden errichtet. Normalerweise werden 2 Eier gelegt. Der Bindenseeadler legt jedoch zumeist 3.

Schreiseeadler

Fischende Adler

Der Weißschwanzfischadler *(Icthyophaga ichthyaetus)*, 61 bis 74 cm, bewohnt große Teile Indiens und kommt auf Ceylon und Burma bis nach Celebes vor, die Philippinen eingeschlossen. Der Braunschwanzfischadler *(I. nana)*, 51 bis 60 cm, lebt in Nordindien, Burma, auf der Malayen-Halbinsel, auf Sumatra und Borneo. Er ähnelt dem Weißschwanzfischadler in der Färbung, hat jedoch einen völlig dunkelbraunen Schwanz. Diese Adler leben an Seen, Flüssen, Sümpfen und, im Falle des Weißschwanzfischadlers, an der Meeresküste. Sie ernähren sich fast ausschließlich von Fisch; es wird allerdings auch berichtet, daß sie Reptilien, Bodenvögel und kleine Säugetiere verzehren. Ihre äußere Zehe ist wie beim Fischadler eine Wendezehe, und sie haben auch ähnlich spitze Hornschuppen unter den Zehen – eine Anpassung an das Festhalten von sich windenden Fischen. Anders als die Seeadler haben diese Vögel kurze Flügel, 115–150 cm lang.

Weißschwanzfischadler

Geierfischadler

Daher überrascht es nicht, daß sie den größten Teil des Tages auf einem Ast sitzen und nur selten weit fliegen. Wie die Seeadler erbeuten sie Fische mit den Fängen. Ihre Nester befinden sich in hohen Bäumen, und sie legen manchmal 1, gewöhnlich 2, gelegentlich aber auch 3 Eier.

Der Geierfischadler oder Palmengeier *(Gypohierax angolensis)*, 56 bis 62 cm, kommt in Afrika, südlich der Sahara, vor. Seine Verbreitung hängt ab von dem Vorkommen der Ölpalme und Raffiapalme, deren Nüsse wichtige Bestandteile seiner Nahrung sind. Er verzehrt außerdem tote Fische, Krabben und kleineres Aas; er hat jedoch kräftige Füße, und es ist bekannt, daß er gelegentlich Säugetiere, die seinem eigenen Gewicht entsprechen – d. h. 1300–1800 g – schlägt. Er beherrscht eine Vielzahl von Rufen: heiseres Husten, Miauen, Knurren und andere Laute. Er baut einen großen Horst in einem hohen Baum oder im ausgehöhlten Zentrum der riesigen Fruchtstände der Raffiapalme und legt nur 1 Ei.

Während der Brutzeit führen diese Vögel gewaltige Sturzflüge aus sehr großer Höhe vor, ähnlich wie die Seeadler.

Altweltgeier

Der Wollkopfgeier *(Trigonoceps occipitalis)*, 76 bis 81 cm, tritt in vielen Teilen Afrikas, südlich Sierra Leone und des Sudan, auf. Er ist ein weniger typischer Geier, als alle folgenden. Die Wollkopfgeier leben für gewöhnlich einzeln oder in Paaren, manchmal auch von einem noch nicht ausgefärbten Vogel begleitet. Sie sehen Adlern ähnlicher als die anderen Geier. Der Schwanz ist gerade abgeschnitten, wodurch sie wendiger werden, und sie haben einen ziemlich starken Fuß – Eigentümlichkeiten, die sie dazu befähigen, die Jungen kleiner Antilopen und Vögel, wie etwa junge Flamingos, zu schlagen. Wenn sie hung-

Links:
1 Sperbergeier
2 Unausgefärbter Sperbergeier
3 Ohrengeier
4 Unausgefärbter Ohrengeier
5 Wollkopfgeier
6 Schmutzgeier
7 Afrikageier
8 Kappengeier

Gänsegeier (rechts)

rig sind, können sie die meisten anderen Geier vom Aas vertreiben.

Der Mönchsgeier *(Aegypius monachus)*, 107 bis 113 cm, ist ein riesiger dunkelbrauner Geier. Mit einer Flügelspannweite von mehr als 280 cm, die einige Individuen erreichen, ist er der größte Greifvogel der Alten Welt. Die Art kommt von Spanien über Südosteuropa, quer durch Zentral- bis nach Ostasien vor. Die Mönchsgeier treten im allgemeinen einzeln oder in kleinen Gruppen auf. Sie verzehren Aas, sind sehr kräftig und können jeden anderen Vogel vom Luder verjagen.

Der Ohrengeier *(Torgos tracheliotus)*, 102 bis 112 cm, ist ein weiterer Geier, der vornehmlich einzeln oder in Familiengruppen auftritt. Diese in den meisten trockeneren Teilen Afrikas und in Palästina vorkommende Art dominiert, wenn sie hungrig ist, über alle anderen afrikanischen Geier. Der riesige Schnabel erlaubt dem Vogel, große Stücke Muskelfleisch abzureißen und zu verschlingen.

Der Kahlkopfgeier *(Sarcogyps calvus)*, 76 bis 81 cm, bewohnt fast ganz Indien, Burma und die Malayen-Halbinsel. Er ist ein schwarzer Geier mit großen rötlichen, vom Gesicht herabhängenden Hautlappen und hat weiße Flecken auf Brust und Schenkeln. Diese Art lebt gewöhnlich paarweise. Wegen ihrer geringen Körpergröße ist sie am Aas unterlegen, kann jedoch mit ihrem großen Schnabel in sehr kurzer Zeit hinreichend Futter abreißen.

Die 4 bisher beschriebenen, einzelgängerischen Geier bauen alle große Horste hoch in Bäumen und legen normalerweise nur 1 Ei.

Die Gänsegeier sind große Geier, die in Kolonien im gebirgigen

Bartgeier

Gelände leben. Hierher gehören 5 Arten: Der Himalayageier *(Gyps himalayensis)*, 104 bis 109 cm, hat von den Greifvögeln der Alten Welt die zweitgrößte Spannweite. Er ist ein riesiger bräunlichweißer Vogel mit einer Spannweite von etwa 275 cm. Der Gänsegeier *(G. fulvus)*, 99 bis 104 cm, ist ein dunklerer Vogel, der von Spanien bis Indien vorkommt. Der Kapgeier *(G. coprotheres)*, 99 bis 104 cm, aus Südafrika ist ihm ähnlich, aber blasser. Der Sperbergeier *(G. rueppellii)*, 89 bis 94 cm, lebt von Sambia bis Kenya und im Norden bis Ägypten. Er ist ein braunschwarzer Vogel mit weißlichen Flecken. Die letzte Art, der Indiengeier *(G. indicus)* aus Indien, Burma und Malaysien, 81 bis 86 cm groß, ist unterseits fahl, oberseits dunkel oder fahlbraun. Gänsegeier brüten in Kolonien und ruhen in Gruppen auf Felsgesimsen. Gelegentlich brüten sie in Bäumen und legen normalerweise nur 1 Ei.

Der Afrikageier *(G. africanus)*, 76 cm, und der Bengalengeier *(G. bengalensis)*, 76 cm (ein ähnlicher, aber dunklerer Vogel), leben in großer Zahl in Ländern, in denen Nahrung für sie reichlich zur Verfügung steht. Sie brüten immer in Bäumen und legen nur 1 Ei. Große Geier sind oft ziemlich geräuschvoll, besonders am Aas, und geben zischende, quiekende und brüllende Töne von sich.

Der Kappengeier *(Necrosyrtes monachus)*, 61 bis 66 cm, lebt in Afrika. Er kommt erst dann ans Aas, wenn die großen Geier ihr Mahl beendet haben, und klaubt die übriggebliebenen Restchen von den Knochen. Sonst ist seine Ernährungsweise mehr krähenartig; an allen möglichen Stellen räumt er kleine tote Tiere weg, vertilgt Abfall usw. Er legt 1 Ei in einen Horst, der auf einem Baum oder auf einer Felsklippe errichtet sein kann.

Der Schmutzgeier *(Neophron percnopterus)*, 53 bis 66 cm, ist in Südeuropa, dem größten Teil Afrikas und in Indien verbreitet. Seine Lebensgewohnheiten ähneln denen des Kappengeiers. Beide Vögel wiegen etwa 1800 g; dagegen wiegen die größeren Geier 5000 bis 9000 g. Schmutzgeier haben einen kräftigen Fuß und sind in der Lage, langsame kleine Reptilien und Säugetiere zu töten, normalerweise suchen sie jedoch nach Aas und Abfall. Sie brüten in Felshöhlen, gelegentlich auch in Bäumen oder Gebäuden und legen 2 Eier.

Der Bartgeier *(Gypaetus barbatus)*, 94 bis 117 cm, lebt in abgelegenen Berggebieten Südeuropas, des nördlichen, östlichen und südlichen Afrikas und in Südwest- und Zentralasien. Er ernährt sich von Knochen und Aas und legt 2 Eier in ein Höhlennest, das er in eine hohe Felswand baut.

Schmutzgeier

Weihen

Weihen bewohnen offenes Gelände in der ganzen Welt, ausgenommen sind nur die sehr kalten Regionen und einige Inseln. Die Australweihe *(Circus assimilis)*, 48 bis 61 cm, die von Australien bis Celebes vorkommt, ist braun mit weißen Flecken. Die Langflügelweihe *(C. buffoni)*, 48 bis 61 cm, aus Südamerika ist oberseits und auf der Brust schwarz, weiß oder schwarz auf der Unterseite. Die Schwarzweihe *(C. maurus)*, 48 bis 58 cm, aus Südafrika ist schwarzbraun mit weißem Bürzel. Die nur geringfügig kleinere Froschweihe *(C. ranivorus)*, 46 bis 51 cm, aus Süd- und Ostafrika ist fast ebenso dunkel, jedoch hat das Männchen Silbergrau auf den Flügeln, und beide Geschlechter haben einen gebänderten Schwanz. Die Rohrweihe *(C. aeruginosus)*, 48 bis 58 cm, bewohnt fast ganz Europa, Nordafrika, Zentralasien, Madagaskar, Neuseeland, Australien und die benachbarten Inseln.

Bei den folgenden 5 Arten sind die Weibchen oberseits braun mit einem weißlichen Bürzel und unterseits heller mit dunkler Strichelung. Die Schwarzweißweihe *(C. melanoleucus)* ist 46 bis 51 cm

Afrikahöhlenweihe (rechts)
Rohrweihe (unten)

Kornweihe

lang. Das Männchen ist auf Kopf, Rücken und Flügelspitzen schwarz und sonst weiß. Die Kornweihe *(C. cyaneus)*, 46 bis 56 cm, kommt in fast ganz Europa, Asien und Nordamerika vor. Sie ist auf der Oberseite, an Kopf und Brust grau und unterseits weiß. Die Grauweihe *(C. cinereus)*, 46 bis 51 cm, aus dem südlichen und westlichen Südamerika ist ähnlich gefärbt, aber unterseits orangebraun gebändert. Die Steppenweihe *(C. macrourus)*, 43 bis 51 cm, die von Osteuropa bis Zentralasien vorkommt, ist oberseits fahlgrau und unterseits weiß. Die Wiesenweihe *(C. pygargus)*, 41 bis 46 cm, verbreitet von Westeuropa bis Zentralasien, ist oberseits dunkelgrau und hat einen schwarzen Streifen über den Flügeln. Unterseits ist sie braun gestreift.

Weihe jagen zumeist in niedrigem Flug über Felder und Sumpfgebiete. Dabei überraschen sie Wasservögel, kleine Bodenvögel, Nagetiere, Reptilien und Frösche, bevor diese wegfliegen oder in Deckung laufen können. Abgesehen von der Australweihe, die in Bäumen nistet, legen sie 3–6 Eier in einen Bodenhorst.

Die Sperberweihe *(Geranospiza caerulescens)*, 41 bis 51 cm, aus Zentral- und Südamerika ist schwarz oder grau, wobei die grauen Tiere unterseits weiß gebändert sind. Die Afrikahöhlenweihe *(Polyboroides typus)*, 51 bis 68 cm, und die Madagaskarhöhlenweihe *(P. radiatus)*, 58 bis 61 cm, die an Kopf und Brust hellgrau ist, haben gemeinsam doppelgelenkige Beine – eine Anpassung, um in Baumhöhlen hineinzugreifen oder auf dem Boden Eidechsen und andere Beutetiere zu greifen. Die Sperber- und Höhlenweihen legen 1 oder 2 Eier in ein Baumnest oder auf Madagaskar auch in Bodennester.

Eurasischer Schlangenadler mit Ringelnatter

Schlangenadler

Der Schlangenadler *(Circaetus gallicus)*, 60 bis 81 cm, lebt in Südeuropa, dem größten Teil Afrikas, in Süd- und Zentralasien. Vögel aus der südlichen Sahara sind unterseits feiner gebändert; solche aus Ost- und Südafrika sind auf der Oberseite und auf der Brust schwärzlich und unterseits weiß. Der Braune Schlangenalder *(C. cinereus)*, 74 bis 78 cm, aus dem Afrika südlich der Sahara, hat einen schwereren Bau und ist dunkelbraun. Der Weißbandschlangenadler *(C. cinerascens)*, 63 bis 66 cm, kommt ebenfalls, außer im äußersten Süden, in weiten Teilen Afrikas, südlich der Sahara, vor. Er sieht dem Schlangenadler nicht unähnlich, hat jedoch einen schwarzen Schwanz mit einer breiten weißen Binde. Der Streifenschwanzschlangenadler *(C. fasciolatus)*, 58 bis 61 cm, der ostafrikanischen Küste ist oberseits hell, braungebändert und hat 3 schwarze Binden auf dem Schwanz.
Der Schlangenhabicht *(Spilornis cheela)*, 41 bis 76 cm, lebt von Nordindien und China – wo die größten Angehörigen dieser Art vorkommen – bis nach Borneo. Der Philippinenschlangenhabicht *(S. holospilus)*, 58 bis 64 cm, ist oberseits stark gefleckt. Der Celebesschlangenhabicht *(S. rufipectus)*, 41 bis 48 cm, ist

sehr dunkel, hat eine rotbraune Brust und dunkelbraune Bänder auf der Unterseite. Der Nikobarschlangenhabicht *(S. klossi)*, 38 bis 41 cm, von der großen Nikobareninsel ist sehr blaß gefärbt und unterseits rötlich-gelblich. Der Andamanenschlangenhabicht *(S. elgini)*, knapp 54 cm, ist ein rotbrauner, unterseits stark gefleckter Vogel.
Der Kongoschlangenhabicht *(Dryotriorchis spectabilis)*, 56 bis 58 cm, aus den Wäldern des westlichen Afrikas und des Kongo ist ein kurzflügeliger, langschwänziger Vogel. Der Madagaskarschlangenhabicht *(Eutriorchis astur)*, 58 bis 66 cm, hat einen noch längeren Schwanz und ist weiß und eng schwarz gebändert auf der Unterseite. Der Gaukler *(Terathopius ecaudatus)*, 56 bis 64 cm, lebt in offenem Gelände in Afrika, südlich der Sahara (s. S. 32).
Alle diese Vögel verzehren hauptsächlich Schlangen und Eidechsen. Die meisten Arten sind ziemlich geräuschvoll und legen 1 Ei in einen kleinen Baumhorst.

Schlangenhabicht (links)
Kongoschlangenhabicht (rechts)

Heller Singhabicht

Habicht und Sperber

Der Neuguineahabicht *(Megatriorchis doriae),* 58 bis 69 cm, wie der Name sagt aus Neuguinea, ist oberseits bräunlich schwarz und unterseits weiß mit kurzen braunen Streifen. Er hat sehr kurze Flügel und einen langen Schwanz mit 12 Binden. Der Australhabicht *(Erythrotriorchis radiatus),* 51 bis 58 cm, aus Nord- und Ostaustralien ist mit ihm verwandt. Beide halten sich in bewaldetem Gelände auf und jagen mittelgroße Vögel, kleine Säugetiere und Schlangen. Sie bauen große Baumhorste.

Der Langschwanzhabicht *(Urotriorchis macrourus),* 61 cm, bewohnt Wälder von Ghana bis zum Kongo und schlägt Vögel und Hörnchen

Australhabicht

Langschwanzhabicht

in den Baumkronen, verfolgt aber auch Vögel auf dem Boden.
Der Dunkle Singhabicht *(Melierax metabates)*, 43 bis 51 cm, bewohnt fast ganz Afrika und Südarabien. Der Helle Singhabicht *(M. canorus)*, 46 bis 54 cm, aus Ost- und Südafrika unterscheidet sich von der vorhergehenden Art durch einen weißen Bürzel. Beide bewohnen trockenes, offenes Buschland und sitzen gewöhnlich auf Pfosten, Büschen oder Felsen an. Sie jagen auch im Tiefflug wie Weihen und ernähren sich zumeist von Eidechsen. Sie brüten in Büschen oder Bäumen, legen 1 Ei, manchmal 2. Der Gabarhabicht *(M. gabar)*, 28 bis 36 cm, ist wie die vorhergehende Art gefärbt oder völlig schwarz. Er bewohnt etwas stärker bewaldetes Gelände, wo er kleine Vögel verfolgt und einen Baumhorst baut.
Der Habicht *(Accipiter gentilis)* wohnt überall in den nördlichen, gemäßigten Regionen. Der Trauerhabicht *(A. melanoleucus)* aus Südafrika, der Hensthabicht *(A. hensti)* aus Madagaskar, der Bürgerhabicht *(A. buergersi)* von Neuguinea und der Papuahabicht *(A. meyerianus)* von den benachbarten Inseln sind alle groß (43 bis 61 cm) und nahe verwandt. Sie sind oberseits braun, grau oder schwarz und unterseits weiß, gewöhnlich dunkel gestreift oder gebändert. Sie sitzen an oder schlagen nach einer kurzen Verfolgung.
Der Kubasperber *(A. gundlachi)*, 41 bis 48 cm, ein seltener Vogel aus Kuba, ist oberseits bläulich und unterseits braun gebändert (= gesperbert). Der Rundschwanzsperber *(A. cooperii)*, er lebt vom südlichen Kanada bis nach Mexiko, ist ähnlich, jagt jedoch mehr Vögel. Von Mexiko an südwärts lebt der Zweifarbsperber *(A. bicolor)*. Die tropischen Vögel sind kleiner

Habicht (amerikanische Rasse)

(33 bis 38 cm) und gewöhnlich unterseits grau mit rotbraunen Flanken. Südliche Vögel ähneln dem Rundschwanzsperber. Der seltene Graubauchsperber *(A. poliogaster)*, 43 bis 48 cm, aus dem tropischen Südamerika ist oberseits dunkelgrau und unterseits grauweiß.
Kleine, leichtgebaute Sperber mit langen Zehen, die ihnen das Fangen kleiner, schnellfliegender Vögel ermöglichen, treten, abgesehen von den sehr kalten Regionen, auf der ganzen Welt auf. Der Eckschwanzsperber *(A. striatus)* Nordamerikas ist in der Farbe dem südlicher lebenden Rundschwanzsperber ähnlich, jedoch sehr variabel. Der Augenstreifsperber *(A. superciliosus)*, 23 bis 30 cm, lebt im tropischen Südamerika. Der eurasische Sperber *(A. nisus)*, 28 bis 38 cm, ist oberseits braun, unterseits weiß, aber braun gesperbert. Die Männchen haben leuchtendere Farben als die Weibchen. Der Madagaskarsperber *(A. madagascariensis)* ähnelt dem eurasischen Sperberweibchen ebenso wie der Ovamposperber *(A. ovampensis)*, 23 bis 28 cm, der im südlichen Afrika offenes Gelände besiedelt. Der entsprechende Waldbewohner im östlichen und südlichen Afrika ist der Rotbrustsperber *(A. rufiventris)*. Der Hondosperber *(A. gularis)*, 23–30 cm, aus Japan ist ein Abbild der heimischen Art. In ganz Südostasien kommt der leuchtender gefärbte Besrasperber *(A. virgatus)*, 23 bis 30 cm, vor. Auf Celebes lebt in Tieflandwäldern der Kleinsperber *(A. nanus)*, 23 bis 28 cm, und im bergigen Gelände der Rotbauchsperber *(A. rhodogaster)*, 28 bis

33 cm. Auf den Molukken lebt der Graukehlsperber *(A. erythrauchen)*, 28 bis 35 cm. Der ähnliche, aber kurzschwänzige Kehlringsperber *(A. brachyurus)*, 28 bis 33 cm, steht im Aussehen zwischen dem Graukehl- und dem Ringsperber *(A. cirrhocephalus)*, 25 bis 33 cm, aus Australien und Neuguinea. Sehr lokal erscheint in Venezuela, Kolumbien und Ecuador der seltene Halbringsperber *(A. collaris)*, 28 bis 31 cm. Südlich der Sahara leben in Afrika 2 kleinere Arten: der Zwergsperber *(A. minullus)*, 23 bis 28 cm, und der Rotfußsperber *(A. erythropus)*, 23 bis 28 cm.

Die folgenden Arten haben einen kräftigeren Bau und stärkere, kürzere Beine und Zehen. Der Afrikahabicht *(A. tachiro)*, 35 bis 43 cm, ist oberseits schwärzlich und unterseits rotbraun gesperbert. Der Kastanienhabicht *(A. castanilius)*, 28 bis 35 cm, bewohnt das tropische Westafrika. Der Graukopfhabicht *(A. poliocephalus)*, 33 bis 38 cm, bewohnt die Inseln westlich von Neuguinea. Der Schieferkopfhabicht *(A. princeps)* aus Neubritannien ist ähnlich, aber größer. Der Fleckschwanzhabicht *(A. trinotatus)*, 31 cm, aus Celebes ist unterseits weinfarben. Der Chinesenhabicht *(A. soloensis)*, 25 bis 30 cm, ist oberseits grau und unterseits rötlich oder weiß. Der Kurzfangsperber oder Shikra *(A. badius)*, 28 bis 35 cm, oberseits grau, unterseits braun oder rostbraun gesperbert, bewohnt Südasien und Afrika. Der Niko-

Drei Phasen des Weißbrauenhabichts

Rotbrustsperber verfolgt Steinschmätzer

barenshikra *(A. butleri)*, 28 bis 33 cm, ist oberseits blasser und unterseits rötlicher. Der Kurzfußsperber *(A. brevipes)*, 33 bis 38 cm, aus der Gegend des Schwarzen Meeres ist oberseits dunkler. Der Francessperber *(A. francesii)*, 28 bis 33 cm, aus Madagaskar ist unterseits zartgrau gebändert.

Der Haubensperber *(A. trivirgatus)*, 33 bis 46 cm, lebt von Indien bis Borneo, ist oberseits grau und hat einen schwarzen Streifen auf seiner weißen Kehle. Der Blaukopfsperber *(A. griseiceps)*, 33 bis 38 cm, aus Celebes hat einen blauen Kopf und eine weiße, dunkel gestreifte Unterseite. Der oberseits schwarze und unterseits rötlichbraune Schwarzmantelsperber *(A. melanochlamys)*, 33 bis 38 cm, bewohnt Neuguinea. Nahverwandt sind der Weißkehlsperber *(A. albogularis)*, 33 bis 41 cm, von den Solomonen, der Schwarzkehlsperber *(A. haplochrous)*, 35 bis 41 cm, aus Neukaledonien und der Fidschisperber *(A. rufitorques)*, 33 bis 41 cm, der oberseits hellgrau und unterseits rötlich ist. Ebenfalls auf den Solomonen lebt der Imitatorsperber *(A. imitator)*, 28 bis 33 cm, der dem Weißkehlsperber oberflächlich ähnelt, mit ihm jedoch nicht verwandt ist. Der Blaugrausperber *(A. luteoschistaceus)*, 31 bis 38 cm, aus Neubritannien hat einen schieferfarbenen Rücken und eine gelbliche Unterseite. Der Molukkenhabicht *(A. henicogrammus)*, 38 bis 48 cm, ist oberseits dunkelgrau und unterseits weiß und bräunlichrot gesperbert. Der Weißbrauenhabicht *(A. novaehollandiae)*, 33 bis 51 cm, bewohnt Australien, Neuguinea und

Ganz rechts Kehlstreifbussard (oben)
Weißaugenbussard (unten)

die nächsten Inseln. Der Graukehlhabicht *(A. griseogularis)*, 43 bis 48 cm, lebt auf den Molukken. Der Bänderhabicht *(A. fasciatus)*, 33 bis 51 cm, kommt von den Weihnachtsinseln und Java bis nach Neukaledonien vor.

Alle Habichte und Sperber bauen fast ohne Ausnahme einen Baumhorst. Je nach Art schwankt die Gelegegröße zwischen 2 und 6 Eiern.

Der Kehlstreifbussard *(Kaupifalco monogrammicus)*, 31 bis 33 cm, lebt in Afrika, südlich der Sahara, in offenem Gelände mit einzelnen Bäumen. Er schlägt Eidechsen, Schlangen, Nagetiere und in einigen Gegenden auch Vögel.

Der ingwerfarbige Heuschreckenbussard *(Butastur rufipennis)*, 36 bis 41 cm, lebt vom Senegal bis Somalia. Der Weißaugenbussard *(B. teesa)*, 38 bis 43 cm, aus Indien und Burma, fängt Insekten, Frösche und Eidechsen. Der Rotflügelbussard *(B. liventer)*, 38 bis 43 cm, aus Thailand, Malaysien und Indonesien und der Graugesichtbussard *(B. indicus)*, 41 bis 46 cm, Sommervogel in China und Japan, haben ähnliche Lebensgewohnheiten. Diese Bussarde nisten gewöhnlich in Bäumen und legen 3 Eier.

Rauhfußbussard

Bussarde

Die Bussarde sind gewöhnlich weniger spezialisiert als andere Greifvögel. Sie sind schwächer als einige und langsamer als andere. Dennoch sind sie eine sehr erfolgreiche Gruppe und bewohnen nahezu die ganze Welt. Der Zweibindenbussard *(Buteo nitidus)*, 38 bis 43 cm, ist unterseits grau mit weißer Bänderung. Er lebt von Mexiko bis Nordargentinien in Büschen und Bäumen offener Gelände und jagt nach Art der Habichte verfolgt also im Tiefflug Vögel, kleine Säugetiere, Reptilien und Insekten. Der Großschnabelbussard *(B. magnirostris)*, 28 bis 35 cm, Südmexiko bis Nordargentinien, ist ein bräunlicher Vogel, unterseits blaß mit braunen Bändern. Sehr nahe mit ihm verwandt sind der Hispaniolabussard *(B. ridgwayi)* und der Weißbauchbussard *(B. leucorrhous)*, 35 bis 38 cm, ein weitgehend schwarzer Vogel aus dem westlichen und südlichen Südamerika. Der Breitflügelbussard *(B. platypterus)*, 36 bis 46 cm, lebt in den USA und auf einigen Karibischen Inseln. Er ist oberseits braun und grau oder braun, unterseits mit weißen Flecken und Bändern. Diese Art lebt in bewaldetem oder sumpfigem Gelände wie zum Beispiel der Rotschulterbussard *(B. lineatus)*, 41 bis 51 cm, ein rotbrauner Vogel mit deutlich schwärzlich und weiß gebändertem Schwanz aus den USA. Der oberseits dunkle und unterseits weiße oder völlig dunkle Kurzschwanzbussard *(B. brachyurus)*, 38 bis 43 cm, tritt von Florida bis zu den südlichen Anden auf.

Der Rotrückenbussard *(B. polyosoma)*, 48 bis 53 cm, hat ebenso wie der Gurneybussard *(B. poecilochrous)*, 51 bis 56 cm, mehrere Farbphasen. Die Weibchen haben eine ziegelrote Ober-

Rotschwanzbussard schlägt nordamerikanisches Katzenfrett

seite, graue Flügel und eine dunkle oder zartgebänderte helle Unterseite. Die Männchen können oben und unten schwarz oder grau, unterseits auch weiß sein und haben manchmal etwas Rot auf dem Rücken. Beide Arten sind Vögel der Anden. Der Weißschwanzbussard *(B. albicaudatus)*, 59 bis 61 cm, ist ein langflügeliger Vogel des offenen Geländes und kommt vom Süden der USA bis nach Argentinien vor. Er hat rötlich braune Schultern und kann unterseits hell oder dunkel sein und trägt kurz vor dem Ende des Schwanzes ein breites schwarzes Band. Er lebt weitgehend von Eidechsen und Nagern.

Ein großer Bussard aus Südamerika, der Aguja *(B. melanoleucus)*, 56 bis 78 cm, ist oberseits und auf der Brust grau. Er hat sehr lange Flügel

Mäusebussard

Weißschwanzbussard

und einen kurzen, keilförmigen Schwanz, wodurch sein Flugbild an das eines Seeadlers erinnert. Der Königsrauhfußbussard *(B. regalis)*, 61 bis 66 cm, aus den westlichen USA und Südkanada ist oberseits braun oder rotbraun und unterseits weiß oder völlig schwarz. Der Rauhfußbussard *(B. lagopus)*, 51 bis 61 cm, variiert in der Färbung, hat jedoch zumeist viel Weiß auf Kopf, Brust und Schwanz. Er bewohnt die subarktischen Regionen. Die beiden letzten Arten haben bis zu den Zehen befiederte Läufe und leben hauptsächlich von Nagern. Der Adlerbussard *(B. rufinus)*, 56 bis 66 cm, ist ein verschieden gefärbter Vogel mit einem rötlich braunen Schwanz und lebt von Nordafrika bis Zentralasien. Der Hochlandbussard *(B. hemilasius)*, 61 bis 69 cm, aus Zentralasien ist ziemlich ähnlich, hat jedoch völlig befiederte Läufe. Der Rotschwanzbussard *(B. jamaicensis)*, 51 bis 58 cm, aus Nordamerika, der Mäusebussard *(B. buteo)*, 48 bis 56 cm, aus Europa und Asien und der Patagonienbussard *(B. ventralis)*, 48 bis 53 cm, bewohnen gleichermaßen hügeliges und bewaldetes Gelände in gemäßigten Regionen. Von Schwarzbraun bis Gelblichbraun kommen alle Farbvarianten vor. Der Schwanz ist gewöhnlich rot oder braun mit dunkleren Bändern. Der Gebirgsbussard *(B. oreophilus)*, 41 bis 46 cm, aus über 2000 m Höhe in Ost- und Südafrika ist oberseits dunkler, weiß mit braunen Abzeichen auf der Brust und rotbraun unterseits. Der Madagaskarbussard *(B. brachypterus)*, 41 bis 46 cm, ist ähnlich, unterseits jedoch weißer und mit deutlich kürzeren Flügeln. Der Präriebussard *(B. swainsoni)*, 46 bis 53 cm, aus West- und Nordamerika hat eine braune Brust und ist unterseits gelblich braun und dunkel gesperbert oder völlig dunkel. Beide Phasen haben einen grauen Schwanz mit braunen Bändern.

Zwei Bussarde leben auf pazifischen Inseln. Der Galapagosbussard *(B. galapagoensis)*, 48 bis 56 cm, ist weitgehend braun und der zahmste Greifvogel der Welt. Der Hawaibussard *(B. solitarius)*, 38 bis 43 cm, ist oberseits dunkel, weiß auf dem Kopf und unterseits mit gelbbraunen oder manchmal braunen Flecken. Es gibt auch eine dunkelbraune Phase.

Der Augurbussard *(B. auguralis)*, 41 bis 46 cm, kommt in fast ganz Westafrika und dem Sudan vor. Er ist gewöhnlich oberseits, an Kopf und Brust braun und unterseits weißlich mit dunklen Flecken. Der Schakalbussard *(B. rufofuscus)*, 48 bis 56 cm, aus Ost- und Südafrika ist ein großer Bussard mit kurzem rotbraunen Schwanz. Er ist gewöhnlich oberseits schwarz oder grau und kann unter-

Zweibindenbussard

Großschnabelbussard mit Anolisleguan

Wüstenbussard

seits weiß, rotbraun oder schwarz sein. In Zentral- und im nördlichen Südamerika lebt der Schwarzstreifbussard *(B. albonotatus)*, 46 bis 53 cm, ein schwärzlicher Vogel mit breiten weißen Bändern auf dem Schwanz.

Die meisten Bussarde kreisen den größten Teil der Zeit. Sie jagen jedoch gewöhnlich vom Ansitz aus oder fliegen auf der Suche nach Beute, die in der Regel aus Säugetieren bis Kaninchengröße besteht, in Weihen- oder Habichtmanier. Einige rütteln auch bei der Jagd über offenem Gelände oder laufen auf dem Boden. Die meisten Arten sind ruffreudig. Sie brüten zumeist auf einem Baum, benutzen in bergigem Gelände jedoch auch Felssimse.

Der Wüstenbussard *(Parabuteo unicinctus)*, 48 bis 56 cm, ist ein rötlichbrauner oder dunkelbrauner Vogel mit starken Beinen und Füßen. Verbreitet vom Südwesten der USA bis zum südlichen Südamerika, lebt er in trockenem Buschland, wo er wie ein Habicht Vögel und Säugetiere bis zur Größe eines kleinen Reihers oder Kaninchens jagt. Er legt 3–5 Eier. Der Savannenbussard *(Heterospizias meridionalis)* ist 51 bis 61 cm lang. Die-

Schwarzgesichtbussard (hinten) Weißbussard (vorn)

ser langbeinige südamerikanische Vogel ernährt sich hauptsächlich von Schlangen und Eidechsen, die er von seinem 1–2 m hohen Sitzplatz aus jagt. Er ist strahlend rot und graubraun gefärbt. Die 1 oder 2 Eier werden in einen Baumhorst gelegt.
Die folgenden Vögel sind tropische Bussarde, die Wälder und isolierte Baumgruppen im offenen Tiefland Süd- und Zentralamerikas bewohnen. Der Schieferbussard *(Leucopternis schistacea)*, 43 bis 46 cm, hat oberseits braune Schwingen und einen schwarzen Schwanz mit einem weißen Band und weißem Ende. Er lebt in Kolumbien, Venezuela und Nordbrasilien. Der Bleibussard *(L. plumbea)*, 38 cm, aus Westkolumbien und Ecuador, ist ebenfalls schiefergrau und hat schwarze Schwingen und einen schwarzen Schwanz mit einem weißen Band. Der Halbbleibussard *(L. semiplumbea)*, aus Zentralamerika und Westkolumbien, ist 38 cm groß und dem Bleibussard ähnlich, unterseits jedoch weiß. Der Weißbrauenbussard *(L. kuhli)* vom Amazonas ist gleich groß und oberseits dunkel mit weißen Brauen, weißen Halsseiten und weißer Unterseite. Der Schwarzgesichtbussard *(L. melanops)*, von Guayana bis zum Amazonas, ist 41 cm groß.

Der Mantelbussard *(L. polionota)*, 48 bis 53 cm, aus Südbrasilien und Paraguay, ist auf dem Rücken und auf der Oberhälfte des Schwanzes schwarz und sonst überall weiß. Der Weißbussard *(L. albicollis)*, 48 bis 58 cm, von Mexiko bis Bolivien, ist weiß. Er zeigt aber Schwarz auf den Flügeln und trägt ein schwarzes Schwanzband. Der Graurückenbussard *(L. occidentalis)*, 48 cm, aus Ecuador ist unterseits weiß, an den Seiten dunkel gestreift und hat ein schwarzes Band über dem Schwanz. Der Sperberbussard *(L. princeps)*, 46 bis 51 cm, ist ein schwarzer Vogel mit zart gesperberter Unterseite, der die Bergwälder von Costa Rica bis Ecuador bewohnt. Diese Bussarde jagen zumeist vom Ansitz aus, können sich jedoch bei der Verfolgung ihrer Beute sehr schnell durch die Zweige der Bäume bewegen.
Der Schwarzhalsbussard *(Busarellus nigricollis)*, 48 bis 53 cm, erscheint von Mexiko bis Nordargentinien hauptsächlich in häufig überfluteten Tiefländern. Die Unterseiten seiner Zehen haben zugespitzte Hornschuppen wie beim Fischadler. Dieser Vogel lebt weitgehend von Fischen, die er an der Wasseroberfläche fängt. Er verzehrt auch Krebse, kleine Säugetiere und Reptilien und baut seinen Horst in hohen Bäumen.

Streitadler

Die Küstensumpfwälder im nördlichen und östlichen Südamerika bewohnt der Krabbenbussard *(Buteogallus aequinoctialis)*, 41 bis 48 cm, ein rötlichbrauner Vogel mit etwas Grau auf Kopf und Flügeln. Er verzehrt hauptsächlich Krabben, nimmt aber auch Frösche und Fische. Der Schwarze Krabbenbussard *(B. anthracinus)*, 46 bis 58 cm, kommt hauptsächlich in bewaldeten, wassernahen Gebieten Mittelamerikas vor. Er ähnelt dem Schwarzbussard, hat jedoch etwas Braun auf den Schwingen und Weiß an den Schwingenspitzen. Der Schwarzbussard *(B. urubitinga)*, 51 bis 63 cm, südliches Mexiko bis Nordargentinien, bevorzugt ähnliches Gelände, kommt aber manchmal auch in trockenen Regionen vor. Beide fangen Fische, Frösche, Eidechsen und Schlangen. Die Gattung *Buteogallus* nistet in Bäumen und legt 1–2 Eier.
Der Pazifische Streitadler *(Harpyhaliaetus solitarius)*, 69 bis 74 cm, ist ein dunkelbrauner Vogel mit einer schwachen Haube und einem schwarzen Schwanz mit weißem Band und weißer Spitze. Er lebt von Mexiko bis Peru. Der Streitadler *(H. coronatus)*, 74 bis 81 cm, ein viel grauerer Vogel mit langem Schopf, lebt von Bolivien bis Argentinien. Beide Arten schlagen Säugetiere bis zur Größe eines Kitzes.

Harpie mit Aguti

Würgadler

Der Würgadler *(Morphnus guianensis)*, 81 bis 91 cm, bewohnt die tropischen Wälder von Honduras bis Nordargentinien. Dieser Vogel ist ein ziemlich schlanker, langschwänziger, langbeiniger Adler, bräunlich-schwarz oberseits, grau oder schwarz auf der Brust und weiß und rotbraun gebändert oder schwarz auf der Unterseite. Sein Schwanz ist schwarz mit aschbraunen Bändern. Er erbeutet hauptsächlich Säugetiere bis zur Größe eines kleinen Affen, tötet häufig Reptilien und brütet hoch in riesigen Waldbäumen. Wahrscheinlich legt er nur 1 Ei.

Die Harpie *(Harpia harpyja)* wird 91 bis 102 cm groß. Sie bewohnt tropische Wälder von Südmexiko bis Nordargentinien. Anders als die vorhergehenden Arten segelt die Harpie selten. Ein Weibchen kann gut 8 kg schwer und damit zum stärksten Adler überhaupt werden. Es kann schwere Beutetiere mit Hilfe seiner ziemlich kurzen und breiten Schwingen fast senkrecht in die Luft heben. Die Beute besteht aus Affen, Faultieren, kleinen

Affenadler

Pekaris und großen Waldvögeln. Der Horst, der, soweit den Ornithologen bis jetzt bekannt ist, 1 Ei enthält, steht häufig auf dem höchsten Baum der Umgebung.

Der Neuguineawürgadler *(Harpyopsis novaeguineae)* wird 76 bis 86 cm lang. Dieser große Waldadler ähnelt einem Affenadler, hat jedoch einen kürzeren Schnabel und schlankere Beine und Zehen. Unterseits hat er häufig eine orange-gelbliche Zeichnung. Er schlägt Beuteltiere und soll auch Schweine erbeuten. Seine Nistgewohnheiten sind denen der vorangegangenen Arten ähnlich.

Der Affenadler *(Pithecophaga jefferyi)* ist 86 bis 102 cm groß und lebt nur noch auf Mindanao und Luzon. Er ist der seltenste Adler der Welt, von dem es möglicherweise nicht mehr als 50 überlebende Paare gibt. Dieser riesige Waldalder kann Affen und auch große Waldvögel, einschließlich Nashornvögel, schlagen. Er legt 2 Eier und brütet offensichtlich fast jedes Jahr.

Echte Adler

Mit einer oder zwei Ausnahmen sind die Beine aller bisher beschriebener Vögel im unteren Teil mit Hornschuppen bedeckt. Die folgenden Arten, die echten Adler, sind bis zu den Zehen befiedert.

Der Schreiadler *(Aquila pomarina)* aus Osteuropa, Südostasien und Indien ist ein 61 bis 69 cm großer, leicht gebauter, langflügeliger brauner Adler, dessen Jungvögel 2 Reihen weißer Flekken auf den Schwingen haben. Das Junge des Schelladlers *(A. clanga)*, 66 bis 74 cm, ist noch stärker gefleckt, während der Altvogel dunkelbraun, mit zumeist weißem Bürzel ist. Er ist kräftiger gebaut als der Schreiadler und zeigt im Flug eine viel breitere Flügelspitze. Beide Vögel sind Waldbewohner und zeigen sich gern in Wassernähe. Sie erbeuten kleine Säugetiere, Reptilien, Frösche, Wasservögel usw.

Der Steppenadler *(A. rapax)* aus Afrika und Asien ist 66 bis 79 cm groß und der häufigste Adler der Welt. Er zeigt ziemlich jede Braunschattierung. Vögel aus Zentralasien und Osteuropa sind größer. Sie haben ein weites Nahrungsspektrum und nehmen auch Aas. Sie horsten in Bäumen, manchmal auch auf dem Boden oder einem Felssims. Dort legen sie 1 oder 2 Eier, gelegentlich 3. Der Kaiseradler *(A. heliaca)*, 79 bis 84 cm, lebt auf der Iberischen Halbinsel, in Osteuropa und Zentralasien. Er hat weiße Flecken auf dem Rücken und legt gewöhnlich 2 Eier in Baumhorste.

Der Steinadler *(A. chrysaetos)*, 76 bis 102 cm, bewohnt Gebirgs-

Spanischer Kaiseradler mit Eichhörnchen

Keilschwanzadler (links)
(unten) fliegender Steinadler von unten gesehen

regionen auf der ganzen Nordhemisphäre. Fast alle Braunschattierungen kommen vor, der Nacken ist jedoch allgemein goldbraun. Steinadler sind sehr kräftige Vögel; die größten in Asien töten regelmäßig Wölfe. Sie sind schnell genug, um viele große Vogelarten zu erbeuten. Ihre normale Beute besteht jedoch aus Säugetieren bis zur Hasengröße. Sie errichten gewaltige Horste auf Bäumen oder Felssimsen. Es werden gewöhnlich 2, gelegentlich 1 oder 3 Eier gelegt. Der Kaffernadler *(A. verreauxi)*, 81 bis 89 cm, ist ein schwarzer Adler mit weißem Rücken. Er lebt im Gebirge Ost- und Südafrikas und erbeutet fast ausschließlich Klippschliefer. Normalerweise werden 1 oder 2 Eier in einen Felshorst gelegt. Der Keilschwanzadler *(A. audax)*, 86 bis 102 cm, aus Australien und Tasmanien (wo die größten Vögel vorkommen) ist ein schwärzlich und brauner Vogel, der hauptsächlich Säugetiere bis zur Größe kleiner Känguruhs schlägt. Er verzehrt auch Reptilien und Aas. Seine 2 Eier werden in große Baumhorste gelegt. Der Gurneyadler *(A. gurneyi)*, 66 bis 76 cm, aus dem westlichen Neuguinea ist schwarz mit kurzen Flügeln und langem Schwanz.

Malayenadler mit Vogelnest

Malayenadler und Haubenadler

Der Malayenadler *(Ictinaetus malayensis),* 63 bis 74 cm, bewohnt den Dschungel, besonders im Hügelgelände vom Himalaya bis Celebes. Dieser leichtgebaute Vogel mit sehr langen Flügeln und langem Schwanz ist ein ausgezeichneter Flieger, der auch unter ungünstigen Wetterbedingungen, wenn kaum ein Wind geht, segeln kann. Er gleitet herab bis in Baumwipfelhöhe und schnappt Nester von den Zweigen und verzehrt Eier und Jungvögel. Er fängt Eidechsen und Vögel ebenso wie kleine Säugetiere. Der Malayenadler baut einen großen Baumhorst und legt gewöhnlich nur 1 Ei.

Der Nepalhaubenadler *(Spizaetus nipalensis),* 66 bis 86 cm, ist von Ceylon bis nach Nordjapan, wo die größten Individuen vorkommen, verbreitet. Dieser kurzflügelige, langschwänzige Waldvogel ist oberseits braun und unterseits rehbraun mit weißen Bändern. Einige Exemplare haben eine lange Haube. Sie sind Ansitzjäger, die kleine Säugetiere, junge Affen und Junge von kleinen Hirscharten erbeuten. Sie legen 1 Ei in einen Baumhorst im Wald. Der Javahaubenadler *(S. bartelsi),* 56 bis 61 cm, ist ein schwärzlicher Vogel mit einem bräunlichen Band über dem Schwanz und weißer Bänderung auf der Unterseite. Über ihn ist wenig bekannt. Der Celebeshaubenadler *(S. lanceolatus),* 56 bis 64 cm, ist oberseits schwarz und braun, auf der Brust rotbraun mit schwarzen Streifen und unterseits braun und weiß gebändert. Er hat eine sehr kurze Haube. Der Philippinenhaubenadler

Prachthaubenadler

(S. philippensis), 64 bis 69 cm, ist ähnlich, jedoch mit brauner Unterseite. Der Schwarzweißhaubenadler *(S. alboniger)*, 51 bis 58 cm, lebt von Südburma bis Sumatra und Borneo und ist oberseits braunschwarz und unterseits weiß mit schwarzen Streifen auf der Brust und schwarzen Bändern auf dem Bauch. Er hat ein weißliches Band auf dem Schwanz und eine lange Haube. Ziemlich die gleiche Verbreitung hat auch der Zwerghaubenadler *(S. nanus)*, 46 bis 51 cm, der oberseits braun und an Kopf und Unterseite gelblichrosa ist, manchmal mit dunkeln Abzeichen. Der Wechselhaubenadler *(S. cirrhatus)*, 56 bis 81 cm, lebt vom nördlichen Indien bis Mindanao und Flores, wo die größten Vertreter vorkommen. Er kann völlig schwarz oder oberseits dunkel und unterseits weiß oder braun oder weiß mit dunklen Streifen sein. Manchmal ist eine Haube vorhanden, wie bei den meisten indischen Vögeln. Er sitzt sehr still auf einem erhöhten Platz mit engangelegten Federn und stürzt sich beim Erscheinen eines Beutetieres (Eidechsen, Vögel oder kleine Säugetiere) ganz plötzlich hinab. Seine Nistgewohnheiten ähneln denen des Nepalhaubenadlers. Beide Arten haben einen ungewöhnlichen, aus einer Serie von schrillen Pieplauten bestehenden Ruf.

Kampfadler schlägt Perlhuhn

Große Waldadler

Der Schwarzachseladler *(S. africanus)* aus Westafrika und den Wäldern des Kongo ist 56 bis 61 cm groß, oberseits schwarz und unterseits weiß, und hat keine Haube. Er fängt baumlebende Tiere wie Hörnchen und mittelgroße Vögel. Der Tyrannenhaubenadler *(S. tyrannus)*, 63 bis 71 cm, lebt in Tieflandwäldern von Südmexiko bis Nordargentinien. Er ist braunschwarz, hat weiße Abzeichen auf Haube und Unterseite und einen langen, grauen, gebänderten Schwanz. Der Prachthaubenadler *(S. ornatus)*, 61 bis 66 cm, bewohnt das gleiche Gebiet. Wahrscheinlich jagt er kleine Säugetiere und Eidechsen. Er kreist häufig mit flach gehaltenen Schwingen. Wie bei allen Haubenadlern zeigt die Aufrichtung der Haube die Gemütsverfassung des Vogels an. Der Prachthaubenadler brütet in riesigen Waldbäumen und legt 1 Ei.
Der Kronenadler *(Stephanoaetus coronatus)*, 81 bis 99 cm, bewohnt Wälder und baumreiches Gelände südlich der Sahara in Afrika. Er ist einer der stärksten Adler der Welt und schlägt kleine Antilopen, Affen, Schliefer, Bodenvögel und gelegentlich Schlangen und Eidechsen. Er jagt weniger vom Ansitz als die meisten anderen Wald- und Habichtsadler und fliegt häufig langsam

und ruhig zwischen den Bäumen umher. Wie die ähnlich proportionierte Harpie kann er schwere Beute ziemlich senkrecht vom Boden zu einem Ast transportieren. Er legt durchweg 2 Eier in einen riesigen Horst auf einem hohen Baum. Der wunderschöne, häufig wiederholte, zweisilbige, pfeifende Ruf ist der wohltönendste aller Greifvögel.
Der Glanzhaubenadler *(Oroaetus isidori)*, 63 bis 74 cm, ist oberseits, auf der langen Haube, auf Kopf und Schenkeln schwarz, unterseits rötlich-braun und hat einen grauen Schwanz mit einer breiten schwarzen Endbinde. Er bewohnt Bergwälder im westlichen Südamerika und jagt Affen, Hörnchen und andere kleine bis mittelgroße Tiere. Er legt 1 Ei in einen Baumhorst, der gewöhnlich in einem Steilabhang errichtet wird.
Der Kampfadler *(Polemaetus bellicosus)*, 81 bis 96 cm, ist eine langflügelige Art mit kurzer Haube, die die Savannen und lichtbewaldeten Regionen Afrikas bewohnt. Er hat lange Beine und Zehen, eine Anpassung an den Fang mittelgroßer Vögel (wie Frankoline und Perlhühner) im Flug. Seine Beute erspäht er hoch in der Luft kreisend und stößt dann in einem langen, schnellen Gleitflug auf sie nieder. Der Kampfadler schlägt neben Vögeln auch kleine Antilopen und Schliefer und nimmt Hausgeflügel und Ziegen. Er baut einen großen Baumhorst und legt nur 1 Ei.

Kronenadler

Habichtsadler

Habichtsadler

Der Schopfadler *(Lophoaetus occipitalis)*, 51 bis 56 cm, lebt südlich der Sahara in Farmgebieten, lichtbewaldetem Gelände und im Grasland mit vereinzelten Bäumen. Er schlägt Nagetiere, Reptilien und Insekten und horstet in einem Baum, wo er 1 oder 2 Eier legt. Der Schwarzweißhaubenadler *(Spizastur melanoleucus)*, 53 bis 61 cm, ist oberseits und auf der Haube schwarz, weiß an Kopf und Unterseite. Er bewohnt Wälder von Südmexiko bis Argentinien und jagt kleine Säugetiere, Vögel und Reptilien. Der Zwergadler *(Hieraaetus pennatus)*, 48 bis 63 cm, kann völlig braun oder oberseits braun und unterseits hell sein. Er bewohnt offene Wälder, oft in trockenem, gebirgigem oder hügeligem Gelände in Südeuropa und Nordafrika und kommt bis Zentralasien und Indien vor. Er brütet häufig in kleinen Bäumen. Der Australienzwergadler *(H. morphnoides)* aus Neuguinea und Australien ist 43 bis 56 cm groß und dem Zwergadler ähnlich, hat aber eine deutlichere Haube, die schwarz wie die Kopfoberseite ist. Er bevorzugt mehr Säugetiere als der Zwergadler und schlägt auch Reptilien. Der Afrikazwergadler *(H. Dubius)*, 48 bis 53 cm, lebt von Togo und Äthiopien bis Südafrika. Er ist oberseits dunkelbraun und unterseits weiß mit dunkler Zeichnung. Er fängt Vögel und Hörnchen. Der Habichtsadler *(H. fasciatus)*, 66 bis 79 cm, ist verbreitet in Südeuropa, Südasien, auf den Floresinseln und im größten Teil Afrikas. Er bewohnt felsige Berge in Trockenregionen und vermag große Vögel und Säugetiere bis Kitzgröße zu überwältigen. Er horstet auf einem Felssims oder in Bäumen; 2 Eier sind normal. Der Indienzwergadler *(H. kienerii)*, 48 bis 61 cm, ist oberseits schwarz, weiß an Kehle und Brust und unterseits rötlich. Er lebt vom südlichen und östlichen Indien bis Celebes. Der Silberadler *(H. wahlbergi)*, 56 bis 61 cm, ist ein langflügeliger, völlig brauner oder oberseits brauner und unterseits heller Adler. Er lebt überall südlich der Sahara in Afrika.

Schopfadler

Lachfalk mit
Korallenschlange

Waldfalken

Der Lachfalk *(Herpetotheres cachinnans)*, 43 bis 51 cm, lebt von Mexiko bis Argentinien sowohl in Wäldern als auch im trockenen, offenen Gelände, überall, wo Schlangen, seine Hauptbeute, zahlreich sind. Anders als die meisten Falken handelt es sich bei dieser Art um kurzflügelige Vögel mit ziemlich langen Schwänzen. Sie sind vor allem am Abend sehr ruffreudig und jagen normalerweise vom Ansitz. Sie legen 1 Ei in ein Baum- oder Felsloch oder gelegentlich in ein verlassenes Nest eines anderen Greifvogels.

Der Kappenwaldfalk *(Micrastur semitorquatus)*, 46 bis 61 cm, kommt ebenfalls von Mexiko bis Argentinien vor. Er ist kurzflügelig, langschwänzig und kein ausdauernder Flieger, gleitet jedoch schnell zwischen den Waldbäumen hindurch und bewegt sich geschickt in den Zweigen und auf dem Boden. Er schlägt ziemlich große Vögel, häufig größer als er selbst. Der Halsringwaldfalk *(M. buckleyi)* aus Ecuador ist 41 bis 46 cm groß und dem Kappenwaldfalk ähnlich, die Schwanzfedern sind jedoch in der Mitte braun. Er ist etwas kleiner und hat viel kleinere Beine und Füße. Der Schieferrückenwaldfalk *(M. mirandolllei)* lebt von Costa Rica bis an die Amazonasmündung. Er ist 43 bis 46

Kappenwaldfalk

cm groß und ähnelt ebenfalls dem Kappenwaldfalk, hat jedoch einen schiefergrauen Rücken und keinen weißen Kragen. Der Rotkehlwaldfalk *(M. ruficollis)*, 31 bis 38 cm, lebt in den Bergen und Tieflandwäldern von Mexiko bis Argentinien. Diese ziemlich variable Art ist gewöhnlich unterseits dicht schwärzlich und weiß gebändert und oberseits grau, rötlich oder braun. Der Schwanz hat beim Weibchen oberseits 3 und beim Männchen 2 weiße Binden. Der Bleiwaldfalk *(M. plumbeus)*, 31 bis 36 cm, von Ecuador bis Südwestkolumbien, ist dem Rotkehlwaldfalk ähnlich, hat jedoch nur eine Schwanzbinde. Abgesehen davon, daß einige in hohen Bäumen brüten ist nichts über die Brutbiologie der Waldfalken bekannt.

Der Gelbkinnkarakara *(Daptrius ater)*, 41 bis 46 cm ist ein grünlich-schwarzer Vogel mit einer weißen Binde über dem Schwanz und nackter gelber Haut im Gesicht. Er bewohnt die Wälder des Amazonas und seiner Nebenflüsse. Der Rotkehlkarakara *(D. americanus)*, 41 bis 61 cm, lebt in den Wäldern von Südmexiko bis Südbrasilien, wo die größten Angehörigen der Art vorkommen. Er ist oberseits und auf der Brust schwarz und unterseits weiß. Die nackte Haut im Gesicht und auf der Kehle

Südkarakara

ist rot. Beide Arten verzehren Früchte und fangen zumeist Insekten, töten aber auch kleine Wirbeltiere. Sie nisten in hohen Waldbäumen und legen 2–3 Eier.

Aasgreife

Der Karunkelkarakara *(Phalcoboenus carunculatus)*, 48 bis 53 cm, ist ein schwarzer Vogel mit weißen Streifen unterseits und weiß an Bürzel, Unterschwanz und Schwanzspitze. Kehle und Gesicht sind nackt, orange oder rot und sehr runzelig. Die Art lebt in Kolumbien und Ecuador. Der Bergkarakara *(P. megalopterus)* aus Peru, Bolivien und Nordchile ist 48 bis 53 cm lang, hat eine schwarze Brust und eine weiße Unterseite. Der Weißkehlkarakara *(P. albogularis)* aus Chile und Argentinien ist 48 bis 53 cm lang und unterseits völlig weiß. Der Andenkarakara *(P. australis)* von den Falklandinseln und den Inseln bei Feuerland ist 58 bis 63 cm gross und schwarz mit zarten weißen Streifen und rotbraun auf Bauch und Schenkeln. Diese 4 nahe verwandten Vögel bewohnen in den Hochanden baumlose Gebiete

Andenkarakara

Rotkehlkarakara

oder im Falle des Andenkarakara ähnliche Gebiete an der Küste. Sie sind gesellige Vögel, die zumeist von Aas und Wirbellosen leben. Sie brüten auf Klippen und legen 2–4 Eier.
Der Chimango *(Milvago chimango)* aus dem südlichen Südamerika ist 38 bis 41 cm groß, oberseits rötlichbraun, mit Weiß auf dem Bürzel, und unterseits braun, trüblich weiß gesprenkelt. Von Panama bis Nordargentinien kommt der Rotkopfchimango *(M. chimachima)*, 38 bis 46 cm, vor. Diese beiden Arten bevorzugen licht bewaldetes und offenes Gelände und Küsten. Sie nehmen ihre Nahrung pickend vom Boden auf und sind Allesfresser. Das Nest kann in Bäumen, Büschen oder auf dem Boden gebaut werden. Gewöhnlich legen sie 3 Eier.
Der Südkarakara *(Polyborus plancus)*, 51 bis 66 cm, ist von den südlichen USA bis nach Feuerland verbreitet. Er ist ein Vogel des offenen Geländes und kann sich – wie die meisten Aasgreife – schnell laufend bewegen. Er jagt anderen Vögeln die Nahrung ab und erbeutet verletzte oder kranke Vögel. Er nistet in Bäumen und legt 2 oder 3 Eier.

Rotkopfchimango

Habichtsfalk
Tropfenzwergfalk
Langschwanzzwergfalk

Zwergfalken

Der Tropfenzwergfalk *(Spizapteryx circumcinctus)*, 28 bis 31 cm, ist kurzflügelig und bewohnt offene Wälder in Teilen Nordargentiniens. Er soll vornehmlich Vögel erbeuten.
Der Indienzwergfalk *(Microhierax caerulescens)*, 14 bis 19 cm, erscheint von Nordindien bis Vietnam. Der Malayenzwergfalk *(M. fringillarius)*,14 bis 15,5 cm, ist oberseits und auf den Schenkeln schwarz, weiß auf der Brust und rotbraun unterseits. Er kommt von der Malayenhalbinsel bis Bali und Südborneo vor. Der Weißstirnzwergfalk *(M. melanoleucus)*, 15,5 bis 18 cm, ist oberseits schwarz und zeigt Weiß auf Stirn, Überaugenstreif und Unterseite. Er ist verbreitet von Assam bis Südchina. Der Borneozwergfalk *(M. latifrons)* ist knapp 16 cm groß. Der Philippinenzwergfalk *(M. erythrogonys)*, 15,5 bis 18 cm, ist oberseits und auf den Schenkeln von einem grünlichen Schwarz und unterseits an den Halsseiten und auf dem Kopf weiß. Trotz ihrer geringen Größe können Zwergfalken Vögel bis zur Größe einer kleinen Drossel schlagen. Sie nehmen auch kleine Säugetiere und große Insekten. Sie brüten in Baumhöhlen und legen 3–4 Eier.
Der Langschwanzzwergfalk *(Poliohierax insignis)*, 25 bis 28 cm, hat einen längeren, runderen Schwanz als andere Zwergfalken, und das Weibchen hat einen roten Kopf. Er lebt von Burma bis Kambodscha und baut einen Baumhorst. Der Halsbandzwergfalk *(P. semitorquatus)*, 24 cm, lebt in Trockengebieten Süd- und Ostafrikas und ist oberseits grau und unterseits weiß. Das Weibchen ist kastanienbraun auf dem Rücken. Diese gewöhnlich paarweise zu beobachtenden Vögel leben weitgehend von Insekten und Eidechsen. Sie brüten in verlassenen Nestern kleiner Vögel.
Der Habichtsfalk *(Falco berigora)* aus Australien und Neuguinea, 38 bis 46 cm, hat viele Farbvarianten. Er kommt häufig vor und jagt mehr vom Ansitz als die meisten großen Falken.

Turmfalken

Der Weißaugenturmfalk *(F. rupicoloides)*, 33 bis 35,5 cm, aus Ost- und Südafrika ist ein brauner, dichtgebänderter Vogel, der auf trockenes Buschland mit einzelnen Bäumen beschränkt ist. Da er ein weniger guter Flieger als der Turmfalk ist, jagt er mehr vom Ansitz. Er legt 3–5 Eier in das verlasssene Nest eines anderen Vogels. Der Fuchsturmfalk *(F. alopex)*, 36 bis 38 cm, kommt in felsigem, trockenem Bergland von Ghana bis Sudan und Äthiopien vor. Er ist ein langflügeliger, langschwänziger, braunroter Vogel, der sich hauptsächlich von Heuschrecken und kleinen Eidechsen ernährt. Er brütet in Felsspalten. Der Turmfalk *(F. tinnunculus)*, 31 bis 35 cm, ist über ganz Europa, Afrika und Asien verbreitet, mit Ausnahme der Arktis und extrem trokkener und dicht bewaldeter Gebiete. Da er Meister im Rüttelflug ist, kann er die Nagerpopulation des offenen Geländes ausbeuten und ist daher erfolgreicher als irgendein anderer Greifvogel. Aus dem gleichen Grund ist seine Art auch die zahlreichste. Er fängt zusätzlich kleine Vögel, Eidechsen, Frösche und Würmer. Das Männchen ist abgebildet. Das Weibchen ähnelt dem Weißaugenturmfalk, hat jedoch dunkle Augen. Die Art brütet in verlassenen Nestern großer Vögel, in hohlen Bäumen oder in Felsspalten. Gewöhnlich werden 4 oder 5 Eier gelegt. Beim Madagaskarturmfalk *(F. newtoni)*, 25 bis 28 cm, der auch auf den Komoren und Aldabras lebt, sind beide Geschlechter ähnlich, es treten jedoch 2 Farbphasen auf. Eine ist oberseits von einem hellen Rotbraun mit schwarzen Streifen und unterseits weiß. Die andere ist ganz dunkelrotbraun mit kräftigen schwarzen Streifen. Der Mauritiusturmfalk *(F. punctatus)*, 28 bis 33 cm, jetzt möglicherweise der seltenste Greifvogel, ähnelt dem Weibchen des Turmfalken, ist jedoch unterseits weiß, schwarz

Grauturmfalk

Turmfalk

oder rotbraun gesprenkelt. Er hat nur 6 Binden auf dem Schwanz. Der Seychellenturmfalk *(F. araea)*, 23 bis 25 cm, ähnelt einem winzigen Turmfalkmännchen, ist jedoch unterseits ungefleckt und hat mehr Binden auf dem Schwanz. Der Molukkenturmfalk *(F. moluccensis)*, 28 bis 33 cm, ist ein fahlkastanienbrauner, überall schwarz gesprenkelter und gestreifter Vogel. Beide Geschlechter sind ähnlich. Das Männchen hat auf seinem blaugrauen Schwanz nur eine Binde, während das Weibchen mehrere besitzt. Der Australienturmfalk *(F. cenchroides)*, 28 bis 31 cm, aus Australien und dem Hochland von Neuguinea ähnelt dem Turmfalk, jedoch sind beide Geschlechter eher bernsteinbraun als rötlichbraun. Auf Neuguinea ähneln beide Geschlechter dem Turmfalkmännchen. Verhalten und Brutbiologie sind ebenfalls ähnlich wie beim Turmfalk. Der Rötelfalk *(F. naumanni)*, 28 bis 31 cm, ist eine im Sommer in Südeuropa und Zentralasien vorkommende, insektenfressende Art, die im Herbst nach Süden zieht. Die Männchen ähneln dem Turmfalk, haben jedoch eine ungefleckte rote Oberseite. Die Weibchen ähneln einem kleinen Turmfalkweibchen, beide Geschlechter haben aber weiße Fänge. Ein Großteil ihrer Beute schlagen sie in

Rüttelnder Buntfalk

der Luft. Sie sind sehr gesellig und brüten in Kolonien auf Felsen und Gebäuden.
Der Buntfalk *(F. sparverius)*, 23 bis 31 cm, brütet vom südlichen Alaska und Neufundland südwärts bis Patagonien. Er hat den leichten Bau des Rötelfalken, jedoch mehr das Verhalten des Turmfalken. Obwohl er Insektennahrung vorzieht, nimmt er auch kleine Nager, Vögel, Schlangen und Eidechsen. Die Weibchen sind auf Flügeln und Schwanz rötlichbraun und dunkelbraun gebändert. Die Brutbiologie ist wie beim Turmfalken.
Der Grauturmfalk *(F. ardosiaceus)*, 33 bis 35 cm, bewohnt offenes Waldland im westlichen, zentralen und östlichen Afrika. Er

Jagender Merlin

ist schwerer gebaut und jagt hauptsächlich vom Ansitz Insekten. Das erscheint jedoch wegen seiner Kraft und seines Gewichts zweifelhaft. Er legt 3–5 Eier in eine Baumhöhle oder in ein altes Nest. Der Schwarzrückenfalk *(F. dickinsoni)*, 28 bis 31 cm, ist ein hellgrauer Vogel mit schwärzlichen Flügeln und ebensolchem Rücken. Er bewohnt, oft in kleinen Trupps, Tiefländer von Tansania bis Mozambique und Angola. Er verfolgt Heuschrecken in der Luft, fängt auch Eidechsen und legt 2 oder 3 Eier in die Krone einer Palme. Der Madagaskarfalk *(F. zoniventris)* erreicht 31 bis 33 cm. Er ist ebenfalls grau, unterseits weiß mit braunen Bändern.

Der im Sommer von Osteuropa bis Ostasien vorkommende Rotfußfalk *(F. vespertinus)*, 28 bis 31 cm, zieht über Winter nach Afrika. Das Männchen ist grau mit Rotbraun an Schenkel und Bauch. Das Weibchen ist rotbraun an Kopf und Unterseite und oberseits fahlgrau, dunkelgrau gebändert. Diese gewöhnlich in Trupps zu beobachtenden Vögel jagen hoch in der Luft nach Insekten. Sie brüten kolonieweise in verlassenen Krähennestern und legen 4 oder 5 Eier.

Der Rotkopfmerlin *(F. chiquera)*, 28 bis 33 cm, bewohnt offenes Gelände in Teilen Südafrikas und Indiens. Er ist schnell, kräftig gebaut und fängt Vögel bis zur Größe kleiner Tauben und Wachteln. Seine 2–4 Eier legt er in einen Baumhorst. Der Merlin *(F. columbariu)*, 25 bis 33 cm, bewohnt den Norden Europas, Asiens und Nordamerikas. Dieser schnelle, gewöhnlich niedrig in offenem Gelände jagende Vogel schlägt hauptsächlich kleine Vögel und in einigen Gegenden große Insekten. Er legt 4 oder 5 Eier in ein verlassenes Nest, auf den Boden oder in eine Baumhöhle.

Rotkopfmerlin

Australienbaumfalk jagt
Wellensittich

Baumfalken

Der Australienbaumfalk *(F. longipennis)* aus Australien, Timor, Flores und Ceram ist 28 bis 33 cm groß, oberseits blau, rotbraun im Genick und unterseits matter. Dieser starke, heftige kleine Vogel jagt in offenem oder licht waldigem Gelände, besonders in Wassernähe, wo er Vögel auf dem Flug zur Tränke schlägt. Er nistet hoch in einem Baum und legt 3 Eier. Der Indienbaumfalk *(F. severus)*, 28 bis 33 cm, tritt vom Zentralhimalaya bis zu den Solomonen auf. Er ist oberseits und auf dem Kopf schwarz und rötlich, kastanienbraun unterseits. Er fängt kleine Vögel, Fledermäuse und Insekten in licht bewaldetem Gelände und jagt oft in der Morgen- und Abenddämmerung. Er brütet in einem alten Baum- oder Felsnest und legt gewöhnlich 2 Eier. Der Afrikabaumfalk *(F. cuvieri)*, 25 bis 31 cm, bewohnt offenes und licht bewaldetes Gelände in Zentral-, Ost- und Südostafrika. Er ist grauschwarz oberseits, rotbraun unterseits und weiß auf Wangen und Kinn. Er fängt hauptsächlich große Insekten und kleine Vögel, beides im Flug. Er brütet in einem alten

Baumnest. Der Baumfalk *(F. subbuteo)*, 31 bis 35 cm, lebt im Sommer von Europa bis Zentralasien und zieht im Herbst nach Afrika und Südasien. Er jagt hoch in der Luft kleine Vögel, Insekten und Fledermäuse. Er ist extrem schnell und erwischt manchmal auch Segler. Im Flug von unten gesehen, erinnert er an einen riesigen Mauersegler. Gewöhnlich legt er 3 oder 4 Eier in ein altes Krähennest. Der Fledermausfalk *(F. rufigularis)*, 23 bis 31 cm, von Mexiko bis Nordargentinien, ist ein kleiner, aber sehr starker und schneller Falk, der fast alle kleinen Vögel oder großen Insekten in der Luft schlagen kann. Er ist im Sturzflug wahrscheinlich der schnellste aller kleinen Greifvögel und legt seine 2 oder 3 Eier gewöhnlich in eine Baumhöhle.
Der Eleonorenfalk *(F. eleonorae)*, 33 bis 38 cm, lebt hauptsächlich auf Mittelmeerinseln. Er erinnert an einen großen langschwänzigen Baumfalk, hat jedoch unterseits kein Rot. Einige Vögel sind völlig schwarz. Sie leben hauptsächlich von Vögeln bis Wiedehopfgröße. Da das Angebot an Vögeln während der Herbstzugzeit am größten ist, brüten diese Falken gerade dann und legen 2 oder 3 Eier in einen felsigen Hang. Der Schieferfalk *(F. concolor)* aus Ostafrika und Madagaskar ist 31 bis 33 cm groß, schwärzlich grau mit dunkelbraunen Flügeln und lebt in offenem Waldland, in Wüsten und auf Inseln. Wie die vorherige Art bejagt er Zugvögel, Fledermäuse und Insekten. Er legt 3 Eier zwischen Felsbrocken. Auch hier gibt es eine dunkle Phase.

Rastender und fliegender Baumfalk

Gerfalk – isländische Rasse

Großfalken

Der Australfalk *(F. subniger)*, 43 bis 48 cm, ist ein schwärzlich brauner Falk, der in offenem oder licht bewaldetem Gelände im Inneren Australiens verbreitet ist und mittelgroße Vögel jagt. Er legt 3 oder 4 Eier in das verlassene Nest eines anderen Vogels. Der Neuseelandfalk *(F. novaezeelandiae)*, 38 bis 46 cm, ist oberseits schwärzlich-braun, unterseits gelblich-weiß mit braunen Streifen und auf Schenkeln und Unterschwanzdecken rötlich. Seine Beute besteht aus kleinen Vögeln, Nagern, Eidechsen und Insekten. Er legt gewöhnlich 3 Eier in Felsen. Der Aplomadofalk *(F. femoralis)*, 33 bis 43 cm, lebt von den südlichen USA bis nach Feuerland. Er ist oberseits grau, auf der Unterseite weiß

Sakerfalk

mit kräftigen schwarzen Bändern und auf Schenkeln, Unterschwanz und manchmal auch auf Brust und Hals gelblich-orange. Er schlägt große Insekten, kleine Vögel, Nager, kleine Schlangen und Eidechsen. Er baut in Trockengebieten einen niedrigstehenden Baumhorst.

Der Bleifalk *(F. hypoleucos)*, 31 bis 41 cm, bewohnt die trockeneren und bergigeren Regionen Australiens. Er jagt hauptsächlich kleine Säugetiere, Reptilien und Vögel. Der Laggarfalk *(F. jugger)* aus Indien ist 38 bis 43 cm groß, oberseits aschbraun mit einem fahl rötlich-braunen Oberkopf, unterseits weißlich mit dunklen Streifen und braunen Flanken und Schenkeln. Er kann Vögel bis Rebhuhngröße schlagen. Der Lannerfalk *(F. biarmicus)*, 38 bis 46 cm, bewohnt Südosteuropa und die meisten trokkeneren Teile Afrikas. Er schlägt eine Vielzahl von Vögeln und tötet auch Nager und Eidechsen. Er brütet auf einem Felssims oder in einem alten Baumhorst.

Der Präriefalk *(F. mexicanus)*, 41 bis 48 cm, bewohnt trocke-

nes, offenes Gelände in den westlichen USA, Südwestkanada und Mexiko. Er ähnelt dem Saker- oder Lannerfalken, ist jedoch oberseits völlig braun. Er jagt Vögel und Nager. Gewöhnlich legt er 5 Eier in ein Loch oder in einen großen, verlassenen Felshorst. Der Sakerfalk oder Würgfalk *(F. cherrug)* aus Südosteuropa und Zentralasien ist 46 bis 58 cm groß und zieht im Herbst nach Afrika und Indien. Er überwältigt große Vögel, und es wurde beobachtet, daß er einen Kaiseradler tötete. Er legt 3–5 Eier in einen Baumhorst oder manchmal in einen Felshang.

Wanderfalk von den Alëuten

Gerfalk und Wanderfalken

Der Gerfalk *(F. rusticolus)* der arktischen Regionen ist 51 bis 58 cm groß und zeigt fast jede Schattierung, von reinem Weiß mit wenigen dunklen Abzeichen bis zu fast völligem Schwarz. Gewöhnlich treten die hellsten Vögel im hohen Norden und die dunkelsten weiter südlich auf. Der Gerfalk ist der größte und schwerste Falk und hat die breitesten Schwingen. Er ist sehr schnell im Horizontalflug und verfolgt Schneehühner, Alken, Entenvögel, Schnepfenvögel und gelegentlich Möwen und Schneehasen. Wenn Lemminge häufig sind, ernährt er sich weitgehend von diesen. Gewöhnlich werden 4 Eier in einen Felshorst (oft das verlassene Nest eines Raben) gelegt. Wegen ihrer Fluggeschwindigkeit waren und sind diese Vögel Favoriten der Falkner.

Der Taitafalk *(F. fasciinucha)*, 28 bis 33 cm, lebt in wenigen trockneren Teilen Ostafrikas. Er ähnelt dem Afrikabaumfalk. Das Kastanienbraun der Unterseite geht jedoch bis zum Genick, und seine Figur ist mehr die eines schlanken Wanderfalken. Er schlägt nach einem flachen Verfolgungsflug Tauben und kleinere Vögel. Der Rotbrustfalk *(F. deiroleucos)*, 33 bis 38 cm, lebt von Mexiko bis Argentinien. Er ähnelt dem Wüstenfalk, hat jedoch ein schwarzes Feld auf der Unterbrust und einen dunklen

Wüstenfalk

Fliegender Wanderfalk

Nacken. Er ist noch wanderfalkenähnlicher gebaut und jagt wahrscheinlich mittelgroße Vögel. Der Kleinschmidtsfalk *(F. kreyenborgi)*, 38 bis 43 cm, hat ein baumfalkenähnliches Flugbild, gleicht in Färbung und Bau jedoch einem fahlen Wanderfalken. Der Kopf ist gelblich wie beim Lanner. Er bewohnt Südargentinien und Chile, wo er in Felshängen brütet. Der Wanderfalk *(F. peregrinus)*, 33 bis 48 cm, bewohnt, abgesehen von der Hocharktis, dem Hochgebirge und tropischen Waldgebieten fast die ganze Welt. Er ist ein kräftig gebauter Vogel und in der Lage, bis zu 300 km/h zu fliegen. Enten, Tauben, Wat- und Seevögel sind die normale Beute. Große Vögel werden im Vorbeischießen mit der Hinterkralle im Genick oder auf der Flügeloberseite verwundet. Kleine Vögel trägt der Wanderfalk im Flug davon. Die Färbung variiert über das Verbreitungsgebiet: Vögel von der Westküste Nordamerikas sind sehr dunkel, tropische Vögel haben gewöhnlich einen schwarzen Kopf und Wüstentiere – bekannt als Wüstenfalken – sind klein und fahl. Sie legen 2–4 Eier in Felsen, Gebäude, verlassene Baumnester oder gelegentlich auf den Boden. Sie können auch in hohen Gebäuden in Städten horsten.

Schleiereulen

Die Schleiereule *(Tyto alba)*, 28 bis 41 cm, bewohnt die gemäßigten Regionen, wo die Wintertemperaturen nicht sehr tief sind, und, abgesehen von Wüsten und dichten Wäldern, fast alle wärmeren Teile der Welt. Das Gefieder variiert sehr. Schleiereulen leben ausschließlich von Nagern, sind also für den Menschen nützlich. Für einen Nachtvogel sind ihre Augen ziemlich klein, dafür nehmen aber die Ohren fast die gesamte Schädellänge ein; die Beute wird also nach Geräuschen geortet. Die Rufe bestehen aus schaurigem Schreien, Piepsen, Schnarchen und Kichern. Die Flügel sind lang, und die Eule kann damit lautlos über Wiesen und lichtes Waldgelände gleiten. Schleiereulen legen zweimal pro Jahr, wenn es in ihrem Gebiet viele Nagetiere gibt. Normalerweise werden 4–6 Eier in Gebäude, hohle Bäume, Felslöcher oder alte Nester gelegt. Die Kapeule *(T. capensis)*, 33 bis 41 cm, lebt im offenen Grasland im südlichen Afrika, in Teilen Südostasiens und Australiens; sie ist oberseits durchweg dunkler als die Schleiereule. Die kleine Madagaskarschleiereule *(T. soumagene)*, 25 cm, ist sehr dunkel gefärbt. Die große Celebesschleiereule *(T. rosenbergii)*, 38 bis 48 cm, ist gleichförmig dunkel.

Schleiereule hell- und dunkelbäuchige Form

Ebenso groß ist die Tasmanienschleiereule *(T. novaehollandiae)*. Diese Art legt nur 2 oder 3 Eier. Die Weibchen sind mehr als doppelt so schwer wie die Männchen und können Kaninchen, Rattenkänguruhs und Opossums schlagen. Tiere aus dem Inneren Australiens sind kleiner. Die Rußeule *(T. tenebricosa)*, 31 bis 36 cm, ist in Australien oberseits dunkel gefleckt und unterseits hell. In Neuguinea ist sie völlig dunkelbraun. Die Amerikaschleiereule *(T. aurantia)*, 25 bis 31 cm, und die Ninahassaschleiereule *(T. inexpectata)*, 25 bis 31 cm, sind beide braun und haben eine typische Schleiereulenzeichnung auf der Oberseite.

Die Maskeneule *(Phodilus badius)*, 25 cm, lebt in Wäldern von Zentralindien bis Borneo und Java und verbringt den Tag in einer Baumhöhle. Sie ist noch träger als die Schleiereule und legt 2–4 Eier. Sie ist weniger auf eine bestimmte Nahrung spezialisiert und verzehrt Nager, kleine Vögel, Eidechsen, Frösche und Libellen. Ihre Rufe klingen wie eine Mischung aus denen von Schleiereule, Zwergohreule und Waldkauz. Die Afrikamaskeneule *(P. prigoginei)*, ein dunklerer Vogel mit kleineren Füßen wurde erst 1951 entdeckt.

Schwarzbüscheleute Europäische Zwergohreule

Zwergohreulen

Die Zwergohreule *(Otus scops)*, 16 bis 20 cm, ist bei hinreichender Deckung fast überall in den warmen und wärmeren gemäßigten Teilen der Alten Welt zu finden. Die Nahrung der Zwergohreule besteht fast ausschließlich aus Insekten. Sie brütet in Höhlen. Die Bergohreule *(O. spilocephalus)*, 18 bis 23 cm, kommt vom Himalaya bis Borneo in Höhen bis zu 2000 m vor. Sie ist oberseits gefleckt. Die Andamanenohreule *(O. balli)*, 20 cm, hat eine dunkelrötliche Oberseite.

Die Sumatraohreule *(O. rufescens)* aus Malaya, Sumatra, Java und Borneo ist orangebraun mit blasserer Stirn und Überaugenstreif. Auf Celebes, den Sundainseln und den Molukken lebt die Celebesohreule *(O. manadensis)*, 19 bis 23 cm. Die Floresohreule *(O. alfredi)*, 19 cm, ist orangebraun mit weißen Abzeichen. Die ähnliche Enganoohreule *(O. umbra)*, 16 cm, lebt auf den Inseln Engano und Simalur vor Sumatra. Die Palauohreule

Kreischeule – helle und dunkle Phase

(O. podarginus), 22 cm, und die Sperberohreule *(O. beccarii)* von den Schouteninseln vor Neuguinea sind beide kräftig gebändert. Die Geflammte Ohreule *(O. flammeolus)*, die in den Gebirgen Nord- und Mittelamerikas lebt, ist 15 cm groß. Die Pembaohreule *(O. rutila)* von Madagaskar, den Komoren und den Pembainseln ist 18 bis 23 cm groß, oberseits nußbraun oder rotbraun und unterseits grau und braun. Die Braunohreule *(O. icterorhynchus)*, 18 bis 20 cm, aus Westafrika ist kleiner. Noch kleiner und grauer gefärbt ist eine erst 1965 in Ostafrika entdeckte Art *(O. irenae)*.
Die folgenden Arten verzehren vorwiegend Nager, kleine Vögel und Eidechsen. Die Schwarzbüscheleule *(O. leucotis)* aus Afrika, die südlich von Gambia und dem Zentralsudan lebt, ist 20 bis 25 cm groß. Die Weißgesichteule *(O. sagittatus)*, 25 bis 30 cm, lebt von Südburma bis Malaya. Das Vorkommen der Rotohreule *(O. gurneyi)*, 31 cm, ist beschränkt auf Mindanao

und Marinduque. Die Halsbandohreule *(O. bakkamoena),* 18 bis 24 cm, lebt von Muskat in Arabien bis Japan und Java. Sie ähnelt der Kreischeule, aber ihr Gefieder ist brauner. Die Seychellenohreule *(O. insularis),* die für ausgestorben galt, wurde kürzlich wieder gehört. Die Javaohreule *(O. brookei)* von Borneo, Sumatra und Java ist 23 cm groß und ähnelt der Halsbandohreule, hat jedoch mehr Weiß. Die Sundaohreule *(O. sivicola),* 25 cm, ähnelt der Halsbandohreule. Die Kreischeule *(O. asio),* 18 bis 23 cm, ist in den USA und in Teilen von Süd- und Westkanada häufig. Die Honduraskreischeule *(O. trichopsis),* 18 cm, lebt von den Canyons Arizonas bis nach Honduras. Die Pazifikkreischeule *(O. cooperi),* 20 cm, lebt im trockenen Flachland von Südmexiko bis Costa Rica. Die Sperberkreischeule *(O. choliba),* 18 bis 20 cm, aus Costa Rica und Nordargentinien ist unterseits fein gebändert. Die Nacktfußschreieule *(O. nudipes),* 20 bis 25 cm, ähnelt der Kreischeule, jedoch fehlen ihr die Federohren, und die Beine sind wie bei der Kubanacktfußeule *(O. lawrencii),* 20 cm, unbefiedert. Die Bartkreischeule *(O. barba-*

Haubeneule

Käferuhu

rus) aus Südmexiko und Guatemala und die Dunkelkopfohreule *(O. roboratus)* aus Ecuador und Peru haben einen weißen Halsring. Die Rotbauchkreischeule *(O. watsonii)*, 20 bis 23 cm, Kolumbien bis Argentinien, ist oberseits dunkel und unterseits orangerötlich mit dunklen Abzeichen. Die Mönchskreischeule *(O. atricapillus)* aus Brasilien ist eine weitere dunkle Art. Die Guatemalakreischeule *(O. guatemalae)*, 20 bis 23 cm, Mexiko bis Bolivien, ist unterseits sehr dunkel. Die Rotkreischeule *(O. ingens)*, 23 bis 28 cm, ist ähnlich, jedoch ohne Federohren. Wie die Weißkehlkreischeule *(O. albogularis)*, 28 cm, lebt sie von Kolumbien bis Bolivien. Die Panamakreischeule *(O. clarkii)* bewohnt Panama und Costa Rica.
Die Mäheneule *(Jubula lettii)*, 28 cm, Sierra Leone bis Westkenia, ist so selten wie die Haubeneule *(Lophostrix cristata)*, 43 cm, Südmexiko bis Amazonas.
Der Käferuhu *(Bubo leucostictus)* aus den westafrikanischen Wäldern ist hauptsächlich Insektenfresser.

Mähneneule

Uhus

Der Kamerunuhu *(B. poensis)*, 36 bis 46 cm, lebt in den Wäldern Westafrikas. Er hat ein orangegelbes Gesicht, ist oberseits braun und unterseits zart weiß mit braun gebändert. Eine Unterart aus dem Amaniwald in Tansania ist unterseits kräftig braunweiß gebändert. Der Sumatrauhu *(B. sumatrana)*, 41 bis 46 cm, lebt von Südburma bis Borneo und Bali. Er ähnelt dem Kamerunuhu, hat jedoch längere Federohren. Der Nepaluhu *(B. nipalensis)*, 51 bis 61 cm, bewohnt große Teile Südasiens. Er ist einem großen, kräftig gezeichneten Sumatrauhu ähnlich und tötet kleine Säugetiere, einschließlich Flughörnchen, Vögel, Schlangen und Eidechsen. Der Dunkeluhu *(B. coromandus)*, 48 bis 56 cm, lebt in kleinen Wäldern und Gehölzen von Indien bis Malaysien. Er ist gräulich-braun mit weißen Sprenkeln und hat tiefgelbe Augen. Seine Nahrung besteht hauptsächlich aus Krähen, die er während ihrer Nachtruhe erbeutet.

Der Blaßuhu *(B. lacteus)*, der südlich der Sahara lebt, ist 53 bis 58 cm groß und ein reines Nachttier. Der Shelleyuhu *(B. shelleyi)*, 61 cm, der größte Uhu der westafrikanischen Wälder, ist dunkeläugig und dunkelbraun und weiß gebändert. Der Fleckenuhu *(B. africanus)*, 33 bis 43 cm, bewohnt felsiges Gebiet in fast ganz Afrika und Südarabien. Er ist weiß, grau und schwarz gesprenkelt mit braunen Abzeichen unterseits. Der Kapuhu *(B. capensis)*, 48 bis 53 cm, bewohnt Hochgebirge in Süd- und Ostafrika und ähnelt im Aussehen und Verhalten dem Uhu *(B. bubo)* aus Europa, Asien und Nordafrika, der 43 bis 76 cm groß ist und in der Färbung sehr variiert. Der abgebildete Vogel ist eine kleine Wüstenform aus Arabien; die größten Vögel kommen aus Sibirien und Turkestan. Sie bewältigen Säugetiere und Vögel, die fast so groß sein können wie sie selbst, außerdem Reptilien und Insekten. Der Ruf dieser und der beiden vorherigen Arten ist ein lautes zweisilbiges Hu. Der Virginienuhu *(B. virginianus)*, 46 bis 58 cm, lebt von Zentralalaska und Labrador bis zur Magellanstraße. In vielen Gegenden sind Kaninchen seine Vorzugsnahrung; er nimmt aber auch Skunks, Stachelschweine, Vögel und Schlangen. Der Hauptruf ist ein fünf- bis

Virginienuhu (oben), Wüstenuhu (Mitte), Blaßuhu (unten)

Ceylonfischuhu

siebenmaliges tiefes Hu. Uhus legen 1–3 Eier auf Felssimse oder in Felsspalten, in verlassene Nester anderer Vögel oder in Bodenmulden flacher, baumloser Gelände. Der Philippinenuhu *(B. philippensis)*, 43 cm, mit seiner dunkelorangen Oberseite, der blasseren und, wie die Oberseite, dunkelbraun gestreiften Unterseite, sieht eher wie eine Fischeule aus.

Fischeulen und Schneeule

Der Mandschurenfischuhu *(Ketupa blakistoni)* Nordostasiens ist 46 bis 58 cm groß, fahlfarben mit braunen Streifen und rötlichbraunen Bändern. Gegen Erfrierungen ist er bis zu den Zehen befiedert. Die Gelbfußfischeule *(K. flavipes)*, 48 bis 53 cm, lebt von den tieferen Lagen des Himalaya bis Südchina und Vietnam. Sie ist fahlrötlichbraun und graubraun gestreift. Die Läufe sind zur Hälfte befiedert. Bei den folgenden beiden Arten sind die Läufe völlig nackt. Die Malayenfischeule *(K. ketupa)*, 43 bis 46 cm, Burma bis Borneo, ist fahlgelblichbraun

Fischeule

mit dunkleren braunen Streifen. Der Ceylonfischuhu *(K. zeylonensis)*, 48 bis 53 cm, lebt von der südlichen Türkei bis Südchina. Diese Eulen leben bis zu 1000 m hoch, nisten in Bäumen in der Nähe von Süßwasser und verzehren außer Fisch auch kleine Säugetiere, Vögel, Reptilien, Krebse und Insekten. Normalerweise legen sie 2 Eier in eine Höhle.

Die Fischeule *(Scotopelia peli)*, 53 bis 61 cm, lebt in Afrika, südlich der Sahara. Die Rotfischeule *(S. ussheri)* ist variabler in der Färbung, aber weniger stark gebändert. Ihr Vorkommen ist auf die westafrikanischen Regenwälder beschränkt. Dort lebt ebenfalls die Bouvierfischeule *(S. bouvieri)*, 38 bis 43 cm, die oberseits dunkler ist und unterseits weiß mit kräftigen Streifen. Diese Arten scheinen sich ausschließlich von Fisch zu ernähren. Sie legen 4 Eier.

Die Schneeule *(Nyctea scandiaca)*, 53 bis 61 cm, bewohnt die vegetationsarmen arktischen Regionen, zieht im Winter jedoch nach Süden, wo sie in Mooren und Küstensümpfen erscheint.

Schneeule

Obwohl sie Beutetiere bis zur Größe von Gänsen und Hasen erlegen kann, verzehrt sie in der Arktis vornehmlich Lemminge. Sind sie in einem Jahr selten, so kann die Brut der Schneeule ausfallen; sind sie jedoch sehr zahlreich, können bis zu 10 Eier in die Mulde eines Erdhügels gelegt werden.

Sperlingskäuze und Elfenkauz

Sperlingskäuze jagen kleine Säugetiere, Vögel, Eidechsen, Schlangen und große Insekten. Gemessen an ihrer Größe sind sie sehr stark und in der Lage, Tiere zu erbeuten, die größer als sie selbst sind. Sie jagen morgens oder abends, bei Tageslicht oder Dunkelheit. Die Rufe sind häufig melodisch. Sie legen 3–5 Eier in Baumhöhlen. Der eurasische Sperlingskauz *(Glaucidium passerinum)*, 16 cm, lebt in Nadelwäldern im Bergland. Der Halsbandkauz *(G. brodiei)*, 15 bis 16 cm, aus Südostasien hat

eine braune und eine rote Phase. Der Dschungelkauz *(G. radiatum)*, 16 bis 18 cm, aus Indien hat ebenso 2 Phasen. Der Bänderkauz *(G. cuculoides)*, 16 bis 25 cm, bewohnt den Himalaya, China und Java. In Afrika leben 4 Arten: Der Perlkauz *(G. perlatum)*, 16 cm, bewohnt fast ganz Afrika, südlich der Sahara. Der Rotbrustkauz *(G. tephronotum)*, 16 cm, bewohnt Teile West- und Zentralafrikas. Der Kapkauz *(G. capnese)*, 20 cm, bewohnt Südafrika, und der größte von allen, der Braunrückenkauz *(G. sjostedti)*, 25 cm, lebt in Kamerun. Auch die Neue Welt hat 5 Arten: Der Gnomkauz *(G. gnoma)*, 16 cm, bewohnt die Rocky Mountains. Der Andensperlingskauz *(G. jardinii)*, 13 bis 14 cm, vertritt diesen bis nach Peru. Der Brasiliensperlingskauz *(G. brazilianum)*, 16 cm, lebt von Arizona bis zum südlichen Südamerika. Dann gibt es noch den Kubakauz *(G. siju)*, 16 cm, und den Zwergkauz *(G. minutissimum)*, 14 bis 15 cm, die von Mexiko bis Brasilien vorkommen.
Die kleinste Eule, der Elfenkauz *(Micrathene whitneyi)*, 13 cm, lebt in den Wüsten der südwestlichen USA und Mexikos. Er ist ausschließlich Insektenjäger und jagt nur nachts. Er legt seine Eier – gewöhnlich 3 – in die Spechthöhlen der Riesenkakteen.

Steinkauz

Steinkäuze

Der Steinkauz *(Athene noctua)*, 18 bis 23 cm, bewohnt fast ganz Europa, West- und Zentralasien, Teile von Nordafrika und Neuseeland, wo er eingeführt worden ist. Er ist überall in Agrargebieten ziemlich häufig und jagt zumeist in der Dämmerung. Sein Flug ist wellenförmig wie der eines Spechts. Die Rufe sind vielfältig, 2 kläglich klingende Töne sind jedoch häufig zu hören. Er legt 2–3 Eier. Der Brahmakauz *(A. brama)*, häufig von Westindien bis Laos, ist ähnlich, lebt jedoch fast völlig von Insekten. Der seltene Waldfleckenkauz *(A. blewitti)*, 23 cm, bewohnt Waldgebiete in Zentral- und Ostinidien.
Die Kanincheneule *(Speotyto cunicularia)*, 18 bis 23 cm, lebt vom südwestlichen Kanada bis zum südöstlichen Südamerika. Sie bevorzugt unbebaute Ebenen und Prärien. Den Tag verbringt sie in Bodenhöhlen und geht abends auf Jagd.
Der Rauhfußkauz *(Aegolius funereus)*, 25 cm, bewohnt Nadelwälder Nord- und Osteuropas, Zentralasiens, Alaskas und eines Teils von Kanada. Er jagt gewöhnlich nachts Nagetiere, kleine Vögel, Frösche und Insekten. Der Ruf erinnert an das Geräusch tropfenden Wassers. Gewöhnlich werden 3–6 Eier in eine Baumhöhle gelegt. Der Sägekauz *(A. acadicus)*, 16 bis 18 cm, lebt von Südostalaska und Zentrallabrador bis Mexiko, jedoch

nicht in den südöstlichen USA. Er ist brauner als der Rauhfußkauz. Dieser ausschließliche Nachtvogel jagt vornehmlich Mäuse. Der Ungefleckte Sägekauz *(A. ridgwayi)*, 18 cm, Südmexiko bis Costa Rica, ist ähnlich, hat jedoch keine Flecken und Bänder auf Schwingen und Schwanz. Der Gelbstirnkauz *(A. harrisii)*, 18 bis 21 cm, bewohnt Venezuela, Kolumbien, Ecuador, Südostbrasilien und Nordargentinien. Er ist oberseits dunkelbraun.

Braune Sperbereule Rundflügelsperbereule

Sperbereulen

Die Sperbereule *(Surnia ulula)*, 33 bis 38 cm, bewohnt die nördlichen Koniferen- und Birkenwälder der Alten und Neuen Welt. Sie jagt tagsüber. Bei Hunger kann sie Vögel bis zu ihrer eigenen Körpergröße schlagen. Sie brütet in Höhlen oder in alten Baumnestern.

Nur wenig ist über die langschwänzige und oberseits fein gebänderte Rundflügelsperbereule *(Uroglaux scutulata)*, 25 bis 28 cm, bekannt.

Die Braune Sperbereule *(Ninox scutulata)*, 23 bis 31 cm, kommt vor von Ceylon bis Ostsibirien und Borneo. Sie fängt große Insekten im Flug, nimmt auch Mäuse, kleine Vögel und Strandkrabben. Im selben Gebiet lebt auch die Andamanensperbereule *(N. affinis)*, die 23 cm groß ist. Die Philippinensperbereule *(N. philippensis)*, 15 bis 20 cm, hat verschiedene Farbphasen. Nur eine Art, die Madagaskarsperbereule *(N. superciliaris)*, 23 bis 28 cm, ist – wie ihr Name sagt – weiter nach Westen vorgedrungen. Celebes hat 2 Arten: Die Fleckensperbereule *(N. punctulata)* und die Ockerbauchsperbereule *(N. perversa)*, beide 20 bis 25 cm groß. Die Molukkensperbereule *(N. squampilia)*, 25 bis 35 cm, variiert stark in der Färbung. Die Rußrückensperbereule *(N. theomacha)*, 20 bis 25 cm, bewohnt die Tieflandwälder auf Neuguinea. Die Neuenglandsperbereule *(N. odiosa)* ist wie die vorige Art oberseits weiß gefleckt. Die Neuirlandsperbereule *(N. solomonis)*, 23 bis 28 cm, lebt ebenfalls in Neuengland. Die Solomonensperbereule *(N. jacquinoti)*, 20 bis 25 cm, variiert beachtlich. In dieser Gegend lebt auch noch die Admiralitätssperbereule *(N. meeki)*, 23 bis 31 cm. Die Australiensperbereule *(N. connivens)*, 25 bis 46 cm, bewohnt Halmahera, das östliche Neuguinea und die Küstengebiete Australiens. Die australischen Vögel sind die größten. Die Kuckuckssperbereule *(N. novaeseelandiae)*, 25 bis 36 cm, lebt von den Südmolukken bis Neuseeland und ist sehr variabel. Die Rotsperbereule *(N. rufa)*, 43 bis 46 cm, lebt in Tieflandwäldern Neuguineas und Nordaustraliens. Die Buschsperbereule *(N. strenua)*, 51 bis 58 cm, aus Südostaustralien überwältigt Kaninchen und Opossums.

Buschsperbereule

Brillenkauz

Weißwangenkauz und tropische Waldkäuze

Der Weißwangenkauz *(Sceloglaux albifacies)*, 33 bis 38 cm, der einst in fast ganz Neuseeland vorkam, ist jetzt auf wenige Stellen der Südinsel beschränkt. Er legt seine 3 Eier in Felshöhlen.
Der Brillenkauz *(Pulsatrix perspicillata)*, 41 bis 48 cm, lebt von Südmexiko bis Argentinien. Er bewohnt dichte Tropenwälder, jagt kleine Säugetiere und Insekten und legt 2 Eier in eine Baumhöhle. Der Roststreifenkauz *(P. melanota)*, 48 cm, ist ähnlich, hat jedoch weiße

Afrikabuschkauz

Überaugenstreifen und eine weiße, braungebänderte Unterseite. Er bewohnt Ecuador und Peru. Der Weißkinnkauz *(P. koeniswaldiana)*, 43 cm, Südbrasilien, hat gelborange Augenstreifen, eine gleichfarbige Unterseite und einen weißgebänderten Schwanz.

Der Afrikabuschkauz *(Ciccaba woodfordii)*, 28 bis 33 cm, bewohnt südlich der Sahara Wälder und dichtes Buschland an den Flüssen. Der laute, dreisilbige Ruf ist während der nächtlichen Jagd häufig zu hören. Das Gelege besteht normalerweise aus einem Ei. Der Sprenkelkauz *(C. virgata)*, 31 bis 35 cm, kommt in den Gebirgs- und tropischen Wäldern von Mexiko bis Argentinien vor. Er ist oberseits dunkelbraun mit hellen Flecken und unterseits weiß oder lohfarben mit kräftigen, tiefbraunen Streifen. Der Schwarzweißkauz *(C. nigrolineata)*, 33 bis 38 cm, Südmexiko bis Westecuador, ist unterseits und auf dem Oberrücken schwarzweiß gebändert und sonst schwarz. Der Schwarzbänderkauz *(C. huhula)*, 41 cm, ist eine völlig schwarze, weiß gebänderte Art, die in den Wäldern des Amazonas lebt. Der Rotbandkauz *(C. albitarsus)*, 41 cm, bewohnt die Andenwälder von Venezuela bis Ecuador.

Bartkauz

Waldkäuze

Der Bartkauz *(Strix nebulosa)*, 69 cm, lebt in Nadelwäldern von Skandinavien über Zentralsibirien bis zum nördlichen und westlichen Nordamerika. Er erscheint wegen seines voluminösen Gefieders, das ihn gegen die Kälte seines Lebensraumes isoliert, wesentlich größer als er tatsächlich ist. Er jagt Eichhörnchen, Ratten, Mäuse und gelegentlich Vögel. Der Streifenkauz *(S. varia)*, 43 bis 48 cm, Südkanada bis Honduras, nistet in alten Nestern oder in Baumhöhlen. Der Fleckenkauz *(S. occidentalis)*, 41 bis 46 cm, westliches Nordamerika, ist ähnlich, unterseits aber völlig gebändert und oberseits mehr gefleckt. Zwei südamerikanische Waldkäuze sind der Rotfußkauz *(S. rufipes)* aus dem Süden und der Brasilienkauz *(S. hylophila)*. Der Waldkauz *(S. aluco)*, 33 bis 41 cm, ist verbreitet in bewaldeten Gebieten Europas, quer durch Asien bis China und in Nordwestafrika. Er jagt vornehmlich Mäuse, jedoch werden auch Ratten, kleine Kaninchen und Vögel genommen. Er legt 2–4 Eier in eine Baumhöhle oder in verlassene Nester. Der Palästinawaldkauz *(S. butleri)*, 31 cm, der nur an den Küstengebieten

Beludschistans, Palästinas und des Sinai bekannt ist, ist mehr gelblich-rötlich gefärbt. Der Habichtskauz *(S. uralensis)* aus Osteuropa und Zentralasien, 61 cm, ist unterseits rötlich-gelb und stark gestreift. Südostasien besitzt 3 Arten: Den Fleckenwaldkauz *(S. ocellata)*, 41 bis 46 cm, Indien und Arakan, den Braunen Waldkauz *(S. leptogrammica)*, 33 bis 51 cm, Indien und Ceylon bis Formosa und Java, und den Pagodenwaldkauz *(S. seloputo)*, 41 bis 46 cm, aus Südburma bis Java.
Die wenig bekannte Streifenohreule *(Rhinoptynx clamator)*, 33 bis 38 cm, lebt von Südmexiko bis Nordargentinien.

Ohreulen

Die Waldohreule *(Asio otus)*, 33 bis 35 cm, bewohnt fast ganz Europa, Zentralasien, Südkanada und einen großen Teil der USA. Dieser Waldvogel mit ziemlich langen Flügeln lebt von kleinen Säugetieren, Vögeln bis zur Hähergröße und Insekten. Die Waldohreule legt 4 oder 5 Eier in einen alten Eichhornkobel, in verlassene Nester oder auf den Boden. Ihr gewöhnlicher Ruf ist ein tiefes seufzendes Hu. Die Waldohreule lebt völlig nächtlich auf Bäumen. Die Abessinienwaldohreule *(A. abyssinicus)*, 35 bis 41 cm, ist dunkler und kräftiger gezeichnet. Sie lebt am Mt. Kenya, im Ruwenzorigebiet und in den Äthiopischen Hochländern. Die Madagaskarohreule *(A. madagascariensis)*, 33 cm, ähnelt diesen beiden, hat jedoch orangegelb im Gefieder. Die Styxohreule *(A. stygius)* bewohnt Wälder, oft Gebirgswälder, von Mexiko bis Nordargentinien. Auch sie hat deutliche Federohren. Sie ist oberseits rußig mit orangen, gelb-roten und weißen Abzeichen und unterseits schwärzlich gefleckt und gebändert. Die Sumpfohreule *(A. flammeus)*, 35 bis 41 cm, bewohnt fast die gesamten südlichen kalten und die gemäßigten Regionen der Welt. Sie jagt sowohl am Tage als auch bei Nacht in offenem Gelände und kann im Flug oft an dem großen gelblichen Fleck auf jedem Flügel erkannt werden. Sie ist ein langflügeliger Vogel, der niedrig dahinfliegt, um Nagetiere oder kleine Vögel auf dem Boden zu überraschen. Sie legt für ihre Eier in der Vegetation eine überdachte Mulde an. Normalerweise werden 4 – 8, bei einer Mäuseplage jedoch bis zu 14 Eier gelegt. Die Kapohreule *(A. capensis)*, 31 bis 38 cm, ist eine weitere kurzohrige Art, brauner als die Sumpfohreule. Sie hat eine ziemlich ähnliche Lebensweise, fängt jedoch hauptsächlich große Insekten.

Die Jamaikaeule *(Pseudoscops grammicus)*, 28 bis 33 cm, bewohnt die Waldgebiete Jamaikas. Das Normalgelege besteht aus 2 Eiern und befindet sich in einer Baumhöhle.

Die seltene Solomoneneule *(Nesasio solomonensis)*, 38 cm, lebt in Wäldern auf den Solomoneninseln Bougainville, Choiseul und Ysabel. Für eine Eule dieser Größe sind Füße und Schnabel außerordentlich kräftig und man nimmt an, daß der Vogel Opossums und mittelgroße Vögel verzehrt.

LEBEN UND LEBENSGEWOHNHEITEN

Leben und Tod

Die meisten Greifvögel erleben, ebenso wie die meisten anderen Vögel, ihren ersten Geburtstag nicht. Es wird angenommen, daß bei vielen Arten 75 von 100 der geschlüpften Jungen während des ersten Lebensjahres sterben. Unvermögen, ein passendes, noch nicht besetztes Revier zu finden, und Unerfahrenheit sind die Hauptursachen dafür. In einigen Teilen der Welt werden außerdem viele Greifvögel abgeschossen, auch solche, die für die Landwirtschaft außerordentlich nützlich sind.

Ihre Unerfahrenheit bei der Jagd veranlaßt junge Vögel, falsche Objekte anzugreifen, und sie werden nach langen, ergebnislosen Attacken oft müde und kollidieren mit einem Baum oder einem Felsen. Die Mehrzahl der verletzt gefundenen Greifvögel ist noch nicht ein Jahr alt, und ein verwundeter Jungvogel hat kaum Überlebenschancen. Jungvögel suchen sich auch oft unpassende Ruheplätze aus und können während der Nacht von großen Eulen und Säugetieren getötet werden. In Gegenden mit

Abgebrochene und abgenutzte Krallen

Klumpfuß

niedrigen Temperaturen und Wirbelstürmen werden sie außerdem durch die extremen Wetterbedingungen geschwächt oder getötet.
Hat ein Greifvogel erst einmal das erste Jahr überstanden, steigen seine Überlebenschancen. Große Adler, deren Gelege nur 1 Ei umfaßt, leben im Mittel 15 Jahre. Altersschwäche ist eine seltene, Fußverletzung dagegen eine häufige Todesursache. Die Füße müssen oft große Kräfte aushalten, und kleine Einschnitte oder Aufsplitterungen bieten Angriffspunkte für Infektionen, die wiederum Schwellungen verursachen und den Fuß unbrauchbar machen. Die Nieren der Vögel scheinen ebenfalls ziemlich empfindlich zu sein. Krankheiten der Atemwege, vor allem Lungenentzündung, treten bei geschwächten oder sehr alten Vögeln auf. Eine weitere Beeinträchtigung, die zum Tode führen kann, ist das Abbrechen oder Verrenken der Krallen, wodurch der Jagderfolg beeinträchtigt wird. Schnäbel können ebenfalls zu lang oder sonstwie deformiert werden.
Tödlich ausgehende Kämpfe zwischen zwei Vögeln um ein

Einige Schnabelmißbildungen

Revier oder ein Weibchen sind – abgesehen von wenigen Arten – selten. Alle diese Vögel sind gut bewaffnet, und die Kontrahenten würden sich wahrscheinlich gegenseitig töten oder schwer verletzen; ihre starken Krallen sind also durchweg eine Abschreckung.
Eine neue Gefahrenquelle für Greifvögel und Eulen entstand in den letzten Jahren: Insektizide. Diese Chemikalien werden auf Saatgut, Jungpflanzen und Bäume gespritzt und von kleinen pflanzenfressenden Tieren aufgenommen. Wenn ein fleischfressendes Tier viele solcher Pflanzenfresser verzehrt, nimmt es auch das in ihnen gespeicherte Gift auf, was für den Räuber Unfruchtbarkeit oder Tod zur Folge haben kann. Hier liegt eine Hauptursache dafür, daß zum Beispiel der Wanderfalk in Europa und der Weißkopfseeadler in Amerika stark dezimiert worden sind. Auch die anderen, weniger auffälligen Arten in den intensiv bewirtschafteten Kulturregionen sind durch die Vergiftung der Umwelt empfindlich beeinträchtigt worden.
Sehr große Vögel, die nicht jedes Jahr brüten und gegebenenfalls nur 1 Ei legen, wie die Kondore und einige der großen Altweltgeier, haben unter günstigen Voraussetzungen eine Lebenserwartung von 40–60 Jahren. Auch große Uhus können so lange leben. Die Mehrzahl der großen Adler und der größeren Aasgreife kann 30–40 Jahre alt werden. Gaukler scheinen außerordentlich langlebige Adler zu sein: 2 Vögel in Gefangenschaft erreichten 45 und 55 Jahre. Kleine Adler, große Habichte, Bussarde und Falken und ebenso mittelgroße Eulen scheinen ein Höchstalter von 20–30 Jahren zu erreichen. Für die Sperber und Falken scheint 15 Jahre das Maximum zu sein; einige kleine Eulen leben wohl 20 Jahre lang.
Diese Zahlen stammen allerdings hauptsächlich von gefangenen Vögeln. Untersuchungen nach ihrem Tode ergaben, daß ihre körperliche Verfassung etwa der eines Menschen zwischen dem 70. und 90. Lebensjahr entsprach.
Die Grafik auf der folgenden Seite zeigt das Höchstalter von Gefangenschaftsvögeln.

Lebensdauertabelle

Registrierte Höchstalter

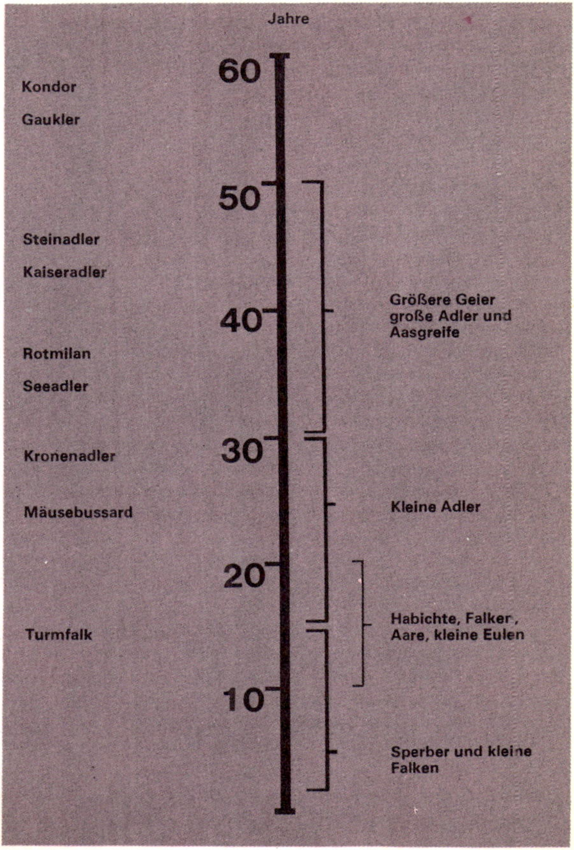

Revier

Viele Greifvogelarten, vor allem solche, deren Hauptnahrung aus Aas, Fisch oder Insekten besteht, sind gesellig. Sie leben oft in lockeren Kolonien und jagen in manchen Fällen auch in Gruppen. Die Mehrzahl der Greifvögel aber, ebenso wie fast alle Eulen, leben paarweise in einem eigenen Brut- oder Jagdrevier. Ein ideales Revier braucht bestimmte typische Eigenschaften: Es bietet während des ganzen Jahres genügend Nahrung, auch zur Aufzucht einer Brut. Es hat eine Auswahl von guten Nistplätzen, bietet Windstille und geschützte Einstände für Schlechtwetter. Darüber hinaus gewährt es Schutz gegen den Menschen und andere Räuber.

Der jeweiligen Art entsprechend variieren die Reviere in der Größe. Ein Paar kleiner Eulen benötigt in einem Gelände mit starker Mäusepopulation lediglich 2 km². Ein Kaffernadler, der auf Klippschliefer spezialisiert ist, die kolonienweise in isolierten, felsigen Berggruppen Süd- und Ostafrikas leben, benötigt ein Revier von annähernd 650 km². Er wird mehrere Berggruppen bejagen müssen, um Nahrung für sich und seinen Partner und in manchen Jahren auch für sein Junges herbeizuschaffen.

Große Waldadler verlangen ebenfalls ein großes Gebiet. Bei Arten wie der Harpie und dem Kronenadler haben die Horste selten einen geringeren Abstand als 15 km. Gewisse Arten, Weihen und Sumpfohreulen z. B., verteidigen während der Brutzeit ein bestimmtes Revier, können sich dann während der übrigen Zeit des Jahres aber an gemeinsamen Schlafplätzen versammeln, von denen aus sie zur Nahrungssuche fliegen.

Das Territorium der meisten Greifvögel schwankt zwischen 2 und 20 km². Das hängt von der Vielfalt der gejagten Tiere ab. Der Virginienuhu z. B., der eine große Vielfalt von Säugetieren und Vögeln schlägt, verlangt in einem wildreichen Gebiet lediglich 2–5 km².

In einigen Teilen Westschottlands kann es vorkommen, daß der Steinadler während der Wintermonate ausschließlich auf tote Schafe und verendetes Rotwild angewiesen ist. Selbst in einem Gebiet von mehr als 250 km² schneebedeckter Berglandschaft ist die Nahrung in solch einem Falle sehr knapp und schwierig zu finden. Schlechtes Wetter kann zudem für längere Zeit das Fliegen fast unmöglich machen.

Auch wenn die Reviere groß sind, können die Nester manchmal ziemlich dicht beieinander stehen. Ein von offenem Gelände um-

Kaffernadler im typischen Biotop

gebener Wald oder ein Waldtal in offenem Hügelland kann 2 oder mehrere Horste enthalten, die vielleicht nur wenige hundert Meter auseinander sind. Das Aktionsgebiet der Paare liegt dann in entgegengesetzter Richtung. Oft werden nicht alle Teile eines Reviers verteidigt. Manchmal kann ein Grenzgebiet, das sehr wenig Nahrung enthält oder sehr gestört wird, von mehreren benachbarten Paaren aufgesucht werden; einige dieser Paare können aber auch versuchen, einen Teil dieses Geländes zu okkupieren.

Die engere Nestumgebung wird am heftigsten verteidigt, obwohl Vögel, die Eier oder Junge haben, weniger aktiv sind. Es scheint, als wollten sie den Standort ihres Nestes möglichen Räubern nicht bekanntmachen. Das Nestrevier wird gegen jeden großen Vogel, z. B. andere Greifvögel, Eulen, Krähen oder Raben, die gefährlich werden könnten, verteidigt.

Echte Zugvögel geben ihre Revieransprüche, die sie während der Brutzeit verteidigt haben, im Herbst auf. Viele von ihnen besetzen auch im Winterquartier eine Art Territorium, das allerdings nur als Nahrungsquelle dient und generell nicht so heftig verteidigt wird.

Bei Greifvögeln, die im Herbst nicht aus ihrem Brutrevier wegziehen, gibt es viele Verhaltensvarianten für die Zeit nach dem erfolgreichen Ausfliegen der Jungen. Manchmal bleibt das Elternpaar im Revier. Es wird jedoch nicht mehr so heftig wie während der Brutzeit verteidigt. Andere Vögel streifen in einem viel größeren Gebiet umher, das auch Reviere anderer Paare der gleichen Art umfassen kann. In solchen Fällen können sie mit diesen Paaren sogar halbwegs gesellig leben.

Oft verteidigen Greifvögel ihr Territorium auch nach der Brutzeit gegen Angehörige der gleichen Art oder gegen solche Arten, die ähnliche Beute schlagen und daher Konkurrenten sind.

Eulen verteidigen ihr Revier generell während des ganzen Jahres und können gegen Eindringlinge auch außerhalb der Brutzeit sehr aggressiv sein, vor allem, wenn Nahrung knapp ist.

Ruhender Sägekauz in junger Kiefer – Hintergrund zeigt typischen Steinkauzbiotop

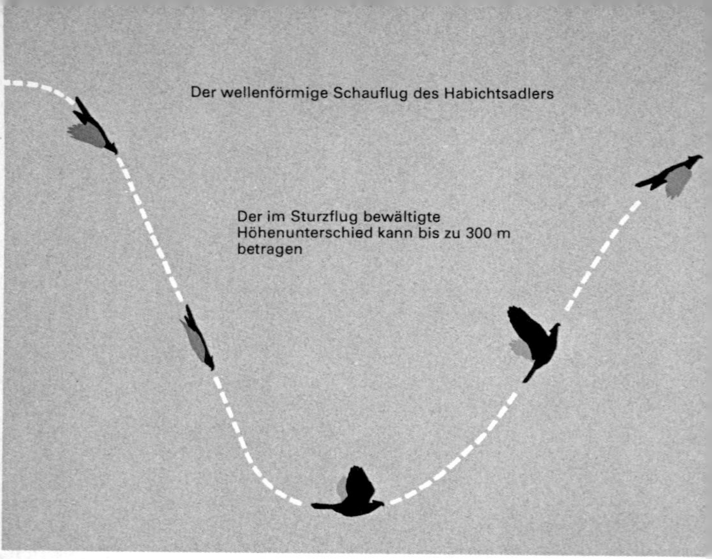

Imponierverhalten

Beim Erblicken eines anderen Vogels der eigenen oder einer Art, die für Eier oder Junge gefahrvoll werden kann, fliegen Greifvögel sofort gradlinig und heftig auf den Gegner zu. Dem Eindringling wird die Bedeutung dieses «Drohfluges» augenblicklich klar, und er dreht normalerweise ab und fliegt zurück. Wenn er dennnoch unbedingt durch das Gebiet seines Nachbarn hindurch will, versucht er, ihm auszuweichen, indem er die Flugrichtung ändert und sehr schnell fliegt. Wird er eingeholt, kommt es zu einem Verfolgungskampf, wobei eine wirklich heftige Auseinandersetzung von beiden Tieren vermieden wird. Beim Erreichen der Reviergrenze fliegen die Revierinhaber gewöhnlich wieder zurück oder kreisen hoch hinauf, um sich davon zu überzeugen, daß der Eindringling nicht wieder zurückkommt.

Andere Vögel, wie Krähen, Raben und andere Raubvögel mit überlappenden Revieren, werden erst angegriffen, wenn sie in den Horstbereich des Greifvogels eindringen. Kleine Greifvögel

versuchen hinter oder über einem großen, ihr Horstgebiet durchquerenden Vogel zu fliegen. Indem sie sich schreiend auf ihn stürzen, versuchen sie, ihn zu vertreiben. Der Eindringling fliegt normalerweise schneller, um den Belästigungen zu entgehen, und verläßt das Horstgebiet, und damit hat die Demonstration ihren Zweck erreicht.
Bei gutem Wetter kreisen Greifvögel häufig über ihrem Revier und an dessen Grenzen. Damit wird anderen Vögeln der gleichen Art klargemacht, welches Gebiet als Revier beansprucht wird.
Einige Waldadler können wegen ihrer kurzen Flügel nicht für sehr lange Zeit kreisen. Diese Vögel haben daher eindrucksvolle Schauflüge entwickelt. Sie kreisen bis in große Höhen, stürzen abwärts, um Geschwindigkeit zu erlangen, und schießen mit der so gewonnenen Energie nach einer plötzlichen Wendung wieder aufwärts. Dieser Vorgang wird mehrfach wiederholt, so daß der Vogel sein Revier in einem wellenförmigen Flug durchmißt;

dabei werden Rufe ausgestoßen, die über Kilometer hörbar sind. Jedem Adler in der Umgebung wird so gezeigt, daß dieser Abschnitt des Waldes beansprucht wird.
Diese Art des Schaufluges dient auch dazu, dem Weibchen zu imponieren. Dabei stößt ein Greifvogel mit gewaltiger Geschwindigkeit abwärts und schießt ganz dicht an dem sitzenden oder langsam fliegenden Weibchen vorbei. Er kann auch Flugkunststücke, wie Abwärtstrudeln und Überschlag, vorführen,

Mit verschränkten Fängen abwärtstrudelnde Weißkopfseeadler

was menschliche Beobachter und vielleicht auch Vögel sehr beeindruckt. Weißkopfseeadlerpärchen krallen gelegentlich hoch in der Luft ihre Fänge ineinander und fallen, sich dauernd überschlagend, abwärts und wirken so wie ein Schaufelrad.
Eulen, deren Balz im arktischen Sommer oder am frühen Abend stattfindet, führen häufig akrobatische Schauflüge vor. Im Allgemeinen spielen bei der Balz der Eulen Rufe eine große Rolle, ebenso Verbeugungen, Flügelklappen, gegenseitige Gefiederpflege, Schnäbeln und Balzfüttern. Derartiges Verhalten ist auch

Drohstellung eines Fleckenuhus

ein wichtiger Teil der Balz vieler Greifvögel, besonders bei den kleineren Falken.

Viele Eulen sträuben während der Balz ihr Gefieder, um ihrem Partner zu imponieren. Weil der Vogel dadurch erheblich größer erscheint, wird dieses Verhalten auch als Drohung benutzt. Dabei wird mit dem Schnabel geknappt, wobei die Flügel geöffnet und nach vorn gedreht sind. Die Eule tritt von einem Fuß auf den anderen und erweckt den Eindruck von Wildheit und Angriffslust.

Viele waldlebende Arten unter den Greifvögeln besitzen eine Haube, die sie als Zeichen der Aggression aufrichten und vergrößern. Die Flügel werden, wenn sie geöffnet sind, für gewöhnlich mit der Unterseite zum Feind gehalten. Der Vogel lehnt sich manchmal auf seinen Schwanz zurück und kann so – im Falle eines Angriffs – mit beiden Fängen zugreifen. Die bei dieser Gelegenheit häufig ausgestoßenen lauten Rufe informieren den Gatten über die Anwesenheit eines Angreifers. Brütende oder hudernde Greifvögel und Eulen ducken sich jedoch beim Anblick eines Eindringlings tief und bleiben völlig still, solange er genügend Abstand hält. Nestlinge entwickeln dieses Verhalten erst spät und verraten bis dahin den Horst durch Rufe und Bewegungen.

Vogelzug

Wie die meisten anderen Vögel zieht die Mehrzahl der Greifvögel und Eulen, die den Sommer in winterkalten Gebieten verbringen, im Herbst in wärmere Gegenden. Der Hauptgrund dafür ist Futtermangel, denn viele der nördlichen Säugetiere halten ihren Winterschlaf oder leben unter dem Schnee; auch die Mehrzahl der kleinen Vögel ist weggezogen. Reptilien, Amphibien und Insekten sind verschwunden, und die meisten Fische leben unerreichbar unter dem Eis. Auch manche tropischen Greifvögel wechseln ihr Gebiet und ziehen in Gegenden, die nicht von großen Regenfällen oder von Trockenheit heimgesucht werden.

Die meisten Greifvögel Skandinaviens sind Zugvögel. Bei Falsterbo, in der Nähe der Südspitze Schwedens, treffen sich verschiedene ihrer Zugwege. Tausende von Mäuse-, Rauhfuß- und Wespenbussarden, viele Turmfalken und Sperber, verschiedene Adler, Habichte und Fischadler können dort an einem Tag bei günstigem Zugwetter beobachtet werden.

Viele der osteuropäischen Greifvögel ziehen über den Bosporus. Kaiser-, Steppen-, Schrei- und Schelladler werden dort beim Überqueren der Meerenge gleichzeitig mit Schlangen-, Zwerg- und Seeadlern gesichtet. Wander-, Saker-, Lanner-, Turm- und Rotfußfalken und viele andere ziehen mit ihnen. Wegen des Fehlens von Aufwinden, mit deren Hilfe sie allein Höhe gewinnen können, ist für Greifvögel – mit Ausnahme der Weihen und eines oder zweier Falken – das Überqueren größerer Wasserflächen schwierig. Es ist daher nicht überraschend, daß die Straße von Gibraltar von den meisten westeuropäischen Zugvögeln als Übergang nach Afrika benutzt wird. Einige Greifvögel jedoch überqueren lediglich die Pyrenäenpässe und ziehen nur bis Südspanien.

Außer dem Gerfalken und dem Steinadler ziehen die meisten Greifvögel Nordasiens nach Indien, Südostasien und zum Malayischen Archipel. Viele von ihnen, wie Baum- und Wanderfalken, Steppenadler usw. überqueren im Frühjahr und im Herbst den Himalaya. Zwei kleine Greife Ostasiens, der Chinesensperber und der Rotflügelbussard, ziehen nach Südost; einige erreichen sogar Neuguinea. Die längste Zugstrecke legen in der Alten Welt die östlichen Rotfußfalken zurück, die in Nordostchina brüten und in Rhodesien überwintern. Sie streifen dabei Ostindien. Wir wissen allerdings nicht sicher, ob sie dann über

Herbstzug in der Alten Welt

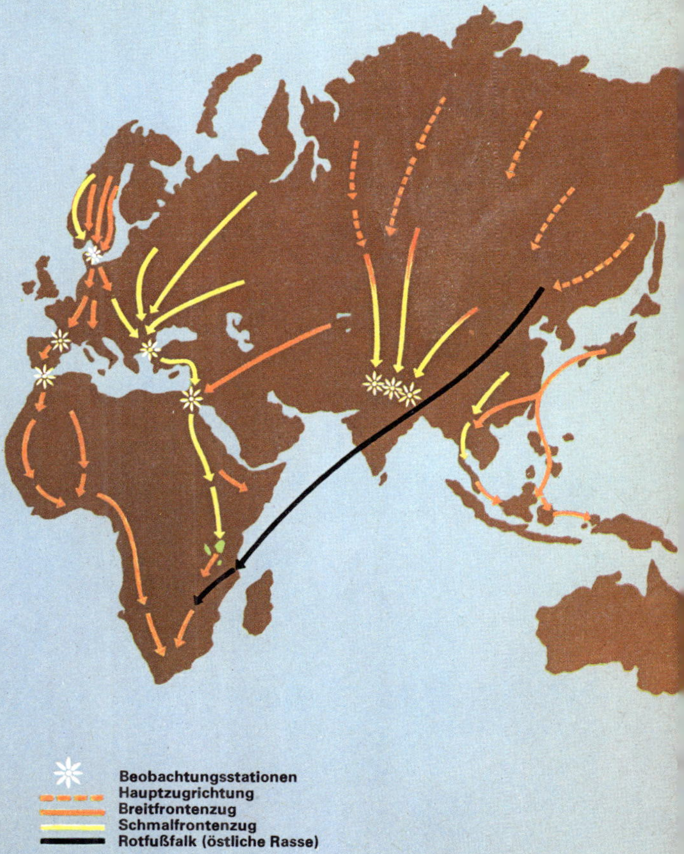

Herbstzug in der
Neuen Welt
Beobachtungsstationen
Hauptzugrichtung
Breitfrontenzug
Schmalfrontenzug

den Indischen Ozean fliegen, jedenfalls wurden sie bisher noch nirgendwo zwischen Indien und Kenya beobachtet. Bekanntermaßen sind sie vor ihrem Abflug außerordentlich fett, wie alle Vögel, die weite, nahrungsarme Gebiete überfliegen.
Nördliche Eulen ziehen weniger als nördliche Greifvögel. Waldohreule und Sumpfohreule, 2 langflügelige Arten, ziehen ziemlich weit. Die meisten Eulen sind jedoch nicht für einen langdauernden Flug gebaut und müssen den nördlichen Winter überstehen, wobei die meisten in geschütztere, bewaldete Tallagen ausweichen. Ihr Gefieder, auch die Füße sind befiedert, ist außerordentlich voluminös und schützend. Außerdem ist das Schlafen in Höhlen ein wirksamer Wärmeschutz. Aber die Ernährung ist schwierig für sie, und viele Eulen kommen in harten Wintern um.
Schneeeulen und die meisten Greifvögel Nordamerikas ziehen in harten Wintern nach Süden, häufig in großen Mengen. Im Osten bildet die Appalachenregion einen der Hauptzugwege; bei Hawk Mountain in Pennsylvania z. B. kann man im Laufe eines Jahres bis zu 20 000 Vögel sehen. Breitflügel- und Rotschwanzbussarde und Eckschwanzsperber sind die häufigsten Arten, jedoch können auch Truthahngeier, Fischadler, Rundschwanzsperber, Wanderfalken, Merline und einige andere beobachtet werden.
Die großen Seen bilden für den Greifvogelzug ein Hindernis, und Tausende dieser Vögel umfliegen die Westspitze des Lake Superior. Der kleine Breitflügelbussard aus dem östlichen Nordamerika zieht sogar bis Westbrasilien und Peru – rund 6000 km.
Eine der Arten aus den Rocky Mountains, der Präriebussard, legt jedesmal die gewaltige Strecke von ca. 25 000 km zurück. Einige in Südargentinien brütende Arten, wie der Aplomadofalk und die Grauweihe, ziehen im südlichen Winter nach Norden. Einige der insektenfressenden Arten, wie der Schwalbenweih und der Südschwebeweih, die im Norden des Landes brüten, ziehen bei kühler Witterung weiter nordwärts nach Brasilien, ebenso wie die Populationen der südlichen USA und Mexikos im nördlichen Winter bis nach Zentralamerika ziehen.

GREIFVOGELHALTUNG
Falknerei

Die Kunst der Falknerei wurde vor mehr als 4000 Jahren in Asien entwickelt und existiert dort seither in verschiedenen Formen. Heute wird sie in vielen Teilen Arabiens, Turkestans, Indiens und Pakistans und in begrenztem Umfang auch in Japan ausgeübt. In Zentralasien werden Steinadler auf Wölfe und Füchse und Habichtsadler auf Gazellen abgerichtet. Für die Gazellenjagd bevorzugen die Araber den Saker. Dieser Falk ist nicht kräftig genug, die Beute zu töten; die Flucht einer Gazelle wird jedoch durch den auf ihr reitenden Falken so verlangsamt, daß sie von den abgerichteten Hunden erreicht werden kann. Die Araber nehmen auch Wanderfalken und Lannerfalken zur Jagd auf Trappen und andere Vögel.
In Indien wird der Lanner- durch den Laggarfalken ersetzt, der

Steinadler fliegt Wolf an

auf Krähen und Rebhühner geflogen wird; jedoch werden auch hier die größeren und stärkeren Wander- und Sakerfalken bevorzugt. Der kleine Rotkopfmerlin wird manchmal zur Kleinvogeljagd benutzt. Der Habicht ist sehr beliebt, und Sperber und Shikras werden auf kleine Vögel geflogen.
Etwa 500 v. Ch. kam die Falknerei nach Europa, und im Mittelalter war sie bereits ein Sport für alle, die ihn sich leisten konnten. Ungefähr seit dem Jahre 1000 n. Ch. zahlten die meisten europäischen Fürsten den Falkenhöfen ungeheure Summen. Erstklassige Vögel erreichten Preise, die dem heutigen Wert von 10 000 Mark entsprachen.
Extensive Falknerei wird gegenwärtig noch in beschränktem Umfange in Nordeuropa betrieben. Benutzt werden fast die gleichen Arten wie in Asien, wenn auch heute einige Arten aus anderen Teilen der Welt abgetragen werden.

Wanderfalk stößt auf Moorschneehuhn

Habicht auf Sprenkel

Viele Leute haben den Wunsch, Falkner zu werden, jedoch erreicht höchstens einer von 50 die Meisterschaft.
Der Falkner muß sich einen Beizvogel aussuchen, der zu seinem Gebiet und dem darin lebenden Wild paßt. Normalerweise werden kurzflügelige Sperber und Habichte in ihrem natürlichen Biotop, in ziemlich bewaldetem Gelände eingesetzt. Sie fliegen nicht weit und gehen daher nicht so leicht verloren wie Falken, die nur in offenem Gelände verwandt werden sollten.
Junge Greifvögel sind im allgemeinen leichter abzutragen als alte, die jedoch erfolgreicher jagen. Neu erhaltenen Beizvögeln streift der Falkner zur Beruhigung eine Haube über und befestigt Lederriemen, das Geschüh, an jedem Bein. Das Geschüh wird mit einem Stahlwirbel verbunden, dessen Ende über eine Lederleine mit dem zukünftigen Ruheplatz verbunden ist. Dieser Ruheplatz, ein Sprenkel oder Block, steht in einem stillen, abge-

dunkelten Raum oder Schuppen, und so gewinnt der Vogel – vor allem wenn er behaubt ist – den Eindruck, daß es Nacht sei. Das beruhigt und entspannt ihn.
Der Falkner trägt nun lange Zeit den Vogel zur Gewöhnung auf seiner behandschuhten Faust in diesem Raum auf und ab, berührt ihn dabei oft mit einem kleinen Stock, wogegen er sich eine Zeitlang wehrt, es dann aber duldet. Statt des Stockes kann ein Stückchen Fleisch genommen werden, das der Vogel im Ärger schnappt und vielleicht vor Hunger schluckt. Solche Futterstückchen mögen anfangs ärgerlich weggeschleudert werden, später siegt aber der Hunger. Nach einiger Zeit nimmt der Vogel das Futter freiwillig, erwartet es später sogar und verschlingt es augenblicklich. Dann können größere Stücke gegeben werden, die der Vogel nicht mehr verschlingen kann, sondern mit den Fängen ergreift, um normal zu kröpfen.
Später darf der Raum stufenweise heller gemacht werden. Bei einem behaubten Vogel kann die Haube für einen kurzen Moment abgenommen werden, wenn der Vogel hungrig ist und soeben beginnt, ein besonders schönes

Gerfalk auf Block

Verschiedenes Zubehör

Stück Fleisch zu verzehren. Bei entsprechender Vorsicht wird er ruhig bleiben und weiter kröpfen. Zu Beginn muß der Falkner grundsätzlich sein Gesicht wegdrehen, da der Vogel durch direktes Anstarren verängstigt wird.
Wenn der Greif bei hellem Tageslicht ruhig auf der Faust des Falkners bleibt, kann er ins Freie geführt werden. Ein später, ruhiger Abend ist dafür die beste Zeit. Dann wird der Vogel langsam auch zu anderen Tageszeiten abgetragen und, zuerst auf Distanz, dann langsam näher, mit anderen Menschen, Tieren, Fahrzeugen usw. vertraut gemacht. In diesem Stadium wird der Greif ermuntert, von seinem Sitz täglich über eine größere Entfernung nach Futter auf die Faust zu springen. Später wird er draußen zu einem vertrauten Platz gebracht und darf über eine längere Strecke, angebunden mit einer langen Leine, der Fessel, sein Futter anfliegen.
Wenn der Falkner sicher ist, daß der hungrige Vogel automatisch die Faust anfliegt, löst er ihn von der Leine und läßt ihn, wenn keine Störung zu erwarten ist, zum erstenmal frei fliegen. Vorher jedoch sollte der Greif lernen, sein Futter vom Federspiel zu holen, einer aus Leder und den Flügeln der später zu jagenden Vogelart angefertigten Attrappe.

Zu Beginn wird das Federspiel (mit einem großen Fleischstück daran) einfach vor den hungrigen Vogel geworfen, der darauf springt. Wenn er daran gewöhnt ist, vom Federspiel geatzt zu werden, wird der Falkner die Attrappe schleppen und den Vogel darauf fliegen lassen. Irgendwann wird dann erreicht werden,

daß der Vogel das in die Luft geschleuderte Federspiel fängt. Besonders Falken werden darin große Meister und trainieren lange Zeit, wobei der Falkner das Federspiel im letzten Moment wegzieht, so daß der Vogel beidrehen und erneut zustoßen muß. Falken ärgern sich darüber nicht; sie scheinen es als Spiel zu betrachten und wissen, daß sie das Federspiel am Ende doch schlagen dürfen. Das Federspiel ist auch das beste Mittel, einen unlustigen Vogel zurückzuholen. Gleichzeitig mit dem Werfen wird oft auch eine Pfeife benutzt, um die Aufmerksamkeit des Vogels zu erregen. Der Anblick des Federspiels lockt ihn dann herbei. Eine wichtige Hilfe beim Wiederfinden eines verlorenen oder aus den Augen gekommenen Vogels ist eine Belle. Der Falkner befestigt dieses leichte kleine Glöckchen am Lauf des Greifvogels, dicht über dem Geschüh, mit einem Lederband.

Manchmal entschließt sich der auf das Federspiel wartende Greifvogel, auf etwas anderes zu jagen und schlägt so vielleicht seine erste Beute. In vielen Teilen der Welt werden gefangene Vögel oder andere Tiere in der Nähe des Greifs freigelassen, um ihn zum Beutemachen zu ermuntern. Diese Methode ist jedoch in einigen Ländern verboten. Normalerweise wird ein Falkner versuchen, seinen Vogel dicht an das Opfer, ein junges, mauserndes oder sich außerhalb der Deckung befindendes Tier, heranzutragen, um seinem unerfahrenen Vogel eine gute Chance zu geben. Einige Greifvögel werden jedoch sehr zahm und warten nur auf die Fütterung. Solche Vögel sind für den Falkner wertlos. Aber sie können interessante Käfigvögel sein.

Greifvögel oder Eulen sind jedoch keineswegs Käfigvögel für jedermann. Hat jedoch jemand großes Interesse für diese Vögel und nicht die Absicht, mit ihnen zu jagen, so können sie über lange Jahre, vielleicht für das ganze Leben, Gefährten für ihn werden. Während nur relativ wenige Greifvögel für die Falknerei tauglich sind, sind die meisten Arten, ebenso wie die meisten Eulen, gute Käfigvögel.

Die Wahl der Art hängt teilweise von der Unterbringungsmöglichkeit ab. Ein großer Käfig von etwa 50 x 100 cm, ca. 80 cm hoch, ist für die meisten kleineren Eulen und Falken ausreichend.

Der Boden des Käfigs sollte aus einer Metallplatte bestehen, die zur Reinigung herausgezogen werden kann. Sie muß täglich gereinigt und mit Torf oder Papier bedeckt werden; keinesfalls darf Sand benutzt werden. Zwei Sitzstangen sollten an beiden

Käfigaufriß

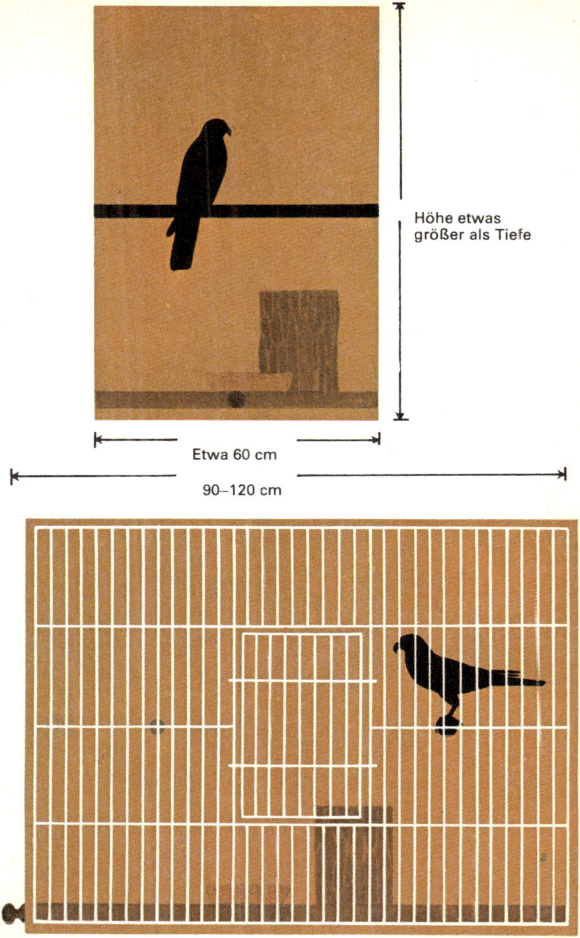

Hütte für größere Vögel

Seiten des Käfigs angebracht werden, so weit von der Wand entfernt, daß der Stoß des Vogels sie nicht erreichen kann. Die Stangen müssen etwa den Durchmesser der Spannweite des Vogelfußes haben. Ein kleiner Holzklotz und ein Wassergefäß dürfen nicht fehlen. Für die Vorderseite des Käfigs soll kein Maschendraht verwendet werden. Ein Gitter mit möglichst wenig waagerechten Drähten oder dünnen Holzlatten verletzt die Federn des Vogels weniger. Die Tür, am besten 25 cm hoch und 20 cm breit, sollte in der Mitte sein. Ein zahmer Vogel kann dann ein- und ausfliegen; Voraussetzung ist allerdings, daß er nicht gerade vorher gefüttert wurde, daß glatte Gegenstände in der Umgebung zugedeckt werden, um sie vor den Krallen zu schützen, zerbrechlicher Zierat entfernt und die Fenster geschlossen worden sind!

Eine Hütte im Garten ist die beste Unterbringung für die meisten mittleren bis großen Greifvögel und für alle Eulen. Eine brauchbare Größe ist 150 x 200 cm, ein Uhu oder ein mittelgroßer Adler braucht ein wenig mehr Platz. Die Ausstattung sollte der des Käfigs entsprechen, der Boden also mit Torf oder sauberem Erdreich bedeckt sein. Ein großes vergittertes Fenster muß nach Süden zeigen und die Schmalseiten müssen Lüftungsklappen aufweisen, die bei heißem Wetter geöffnet werden können. Kleine Bäume dienen als Schattenspender.

Grundsätzlich sollen verschiedenartige Vögel nicht zusammen gehalten werden. Wenn 2 oder mehr Vögel zusammen in einer großen Hütte gehalten werden, so ist eine Sitzstange in Längsrichtung anzubringen. Die Vögel werden daran im Abstand von etwa 150 cm mit einer am Geschüh befestigten Fessel angebunden. Einige Arten können paarweise zusammengehalten werden, und manchmal leben auch kleine gemischte Gruppen (gewöhnlich insekten- oder aasfressende Arten) friedlich zusammen. Die meisten Aare, die Mehrzahl der Bussarde und Geier und einige der kleinen Adler gehören dazu. Habichte und Sperber, die meisten Falken (einschließlich Turmfalken) und die meisten großen Adler werden am besten einzeln gehalten, da sie zum Kämpfen neigen und sich auch gegenseitig umbringen können.

Eulen sind gewöhnlich gut paarweise zu halten, jedoch ist es unklug, außer bei der Zwergohreule, 3 Vögel zusammen zu halten. Das Abtragen von Eulen geschieht bei hellem Kunstlicht, da die Vögel hierbei schläfrig werden. Sind sie einmal zahm, so fliegen sie das Futter lieber im Abenddämmerlicht an. Sie brüten auch

eher in Gefangenschaft als Greifvögel. Aber auch so bleiben noch genug Schwierigkeiten, und sowohl für die Altvögel vor der Brut als auch für die Jungen muß eine große Menge natürlicher Nahrung herangeschafft werden.
Rohes mageres Rindfleisch bildet gewöhnlich die Grundnahrung für fleischfressende Vögel in der Gefangenschaft. Die ungefähr benötigte Menge für Vögel verschiedener Größe ist auf Seite 23 angegeben. Für die kleineren, insektenfressenden Arten sollte das Fleisch in schmale Streifen geschnitten werden. Die Mehrzahl der großen Arten mit starken Füßen sollte zum Training ihrer Kiefer- und Halsmuskulatur Rinderknochen erhalten. Viele Arten lieben Fisch und Mehlwürmer. Köcherfliegenlarven werden kleinen Sperbern und Eulen verfüttert. Ganze Tiere, wie Mäuse für die kleinen Arten und Kaninchen für die größeren, sind zur Versorgung mit notwendigem Ballastmaterial, Vitaminen und Mineralen in regelmäßigen Abständen notwendig. Eine ausgewogene Ernährung ist wichtig. Die verabreichte Nahrungsmenge muß sorgfältig dosiert werden.
Die meisten Greifvögel begrüßen den Szenenwechsel, wenn sie täglich eine Zeitlang im Freien auf dem Block oder Sprenkel sitzen dürfen. Sie lieben Regen und auch Sonne und öffnen ihre Schwingen, um die warmen Strahlen zu genießen. Da ihnen scharfer Wind unangenehm ist, sollten sie bei schlechtem Wetter nicht nach draußen kommen.

Zahmer Waldkauz

REGISTER